幼児教育の理論とその応用①

幼児教育とは何か

白石崇人
Shiraishi Takato

社会評論社

はじめに

　本書の目的は、主に幼児教育の理念・歴史・制度から、「幼児教育とは何か」を原理的に考えることである。

　現在の幼稚園は、「幼児教育」の理念にもとづく3歳以上〜就学未満の幼児対象の保育施設（文部科学省所管）である。保育所は、「児童福祉」の理念にもとづく0歳以上〜就学未満の乳幼児対象の保育施設（厚生労働省所管）である。これらの2つの施設は、管轄部署や対象年齢を異にするが、その違いはそれだけではない。これら両施設は、それぞれ理念・歴史を異にする。幼児教育の理念や歴史は、固有の思いと文脈とによって大勢の先人が守り、かつ形成してきたものである。それらを「なかったこと」にはできない。

　また、理念・歴史は、今を生きる我々がこれからを考えていく上で重要な知的基盤となり、手段ともなる。制度・実践は人の作るものである。そこには何らかの理念（目指すものや思い）と歴史（思考・実践の積み重ね）が込められている。制度・実践は、完全または超越的なものではなく、未完かつ人間的なものである。だからこそ、批判する余地は残るし、合意・遵守する価値もある。たとえば、幼保一体化をこのまま進めるべきか、もっと考え直すべきかは、幼児教育の理念・歴史（もしくは児童福祉の理念・歴史）を知ることによって、はじめて深く確かに考えることができる。

　本書は、「幼児教育の理論とその応用」シリーズの第1巻である。本書では、これらの問題関心にもとづき、幼児教育の理念・歴史・制度に焦点をあてて、次のように内容を構成した。まず第1章・第2章では、「教育とは何か」という一般的・根源的な問題を取り扱った。第1章では、語源、人間形成、学習過程、および現代日本の教育目標から考えていく。第2章では、教育を構成する要素について、子ども・教師・学校・学力（教育方針・内容）・家族に注目して考えていく。次に、第3章〜第6章では、「幼児教育とは何か」という問題を直接に取り扱う。第3章では、幼稚園・保育所、および教育基本法という制度面から考える。第4

章では、幼児教育の担い手としての保育者の歴史と現状について、主に養成・資格・資質の観点から考える。第5章では、保育者のあり方について、子ども以外との関係から考える。子どもとの関係におけるあり方については、第2巻『保育者の専門性とは何か』において詳しく述べるので、あわせて参照してほしい。最後に、補章では、幼稚園実習において、保育学生たちが実際に何を学んでいるかを検討する。

　なお、本書は、保育学生・現役保育者・保育関係者だけでなく、国民一般も読者として想定している。幼児教育は、将来の国民を育てる事業であり、全ての国民の考えるべき問題である。また、幼児教育の直接の担い手は保育者だが、国民の支えがなければそれも立ちゆかない。本書は、われわれやわれわれの子孫の将来について、深く確かに考える機会を提供したい。本書が、幼児教育についてみんなで考える機会を提供できれば、幸甚である。

　　2012年11月9日

　　　　　　　　　　　　　　　　　　　　　　　　　　　　　　　　著者

幼児教育の理論とその応用 ①

幼児教育とは何か

目次

はじめに………3

第1章●教育とは何か —————————————— 11

第1節：語源から考える「教育とは何か？」………11
1．「教育」の語源……11
   (1)「教（おしえる）」の語源／11
   (2)「育（そだつ）」の語源／12
   (3) 教育が成り立つには——「教える」と「教えられる」との関係／12
2．「学習」の語源……13
   (1)「學（まなぶ）」の語源／13
   (2)「習（ならう）」の語源／14
   (3) 学習と教育との不即不離な関係／15

第2節：人間形成における「教育とは何か？」………16
1．ヒトとは何か……16
   (1) 生物の発展要因／16
   (2) ヒトの特徴／17
2．ヒトが人間になること……17

第3節：「わかる」とはどういうことか？………19
1．「わかる」とは？……19
   (1) 意図的な行為としての「見る」／19
   (2) 新しく「わかる」ことと、すでに「わかっている」こと／21
   (3) 考えながら「おぼえる」／22
2．「わからない」とは？……25
   (1) 何が問われているか、がわからない——自分で必然性を補う必要／25
   (2) なぜわかりたいか、がわからない——価値を味わう必要／25
   (3) わかる気がない——やる気を出すには？／27

第4節：「生きる力」とは何か？——現代日本における幼児教育の目標原理………29
1．幼稚園教育のはぐくむ「生きる力」……29
   (1) 幼稚園教育への「生きる力」の導入／29
   (2) 現代日本の幼稚園教育における「生きる力」／30
2．「生きる力」の必要性……31
   (1) 生涯学習社会の到来／31
   (2) 生涯学習社会における学習の必要性／32
   (3) 生涯学習のための「生きる力の基礎」／34

第2章●教育を構成する要素 —————————————— 35

第1節：子どもとは何か？………35
1．ヨーロッパの子ども観……35
   (1) 古代ヨーロッパの子ども観／35

(2) 中世ヨーロッパの子ども観／36
　　(3) 近世ヨーロッパの子ども観／36
　2．日本の子ども観……38
　　(1) 古代日本の子ども観／38
　　(2) 中世・近世日本における子ども観／39
　　(3) 近代日本における子ども観／40
　3．現代の子ども観……41
第2節：教師とは何か？………43
　1．「教員」の誕生……43
　2．聖職・天職的教師論の隆盛……44
　3．教育労働者と教育公務員……46
　4．教職の専門職性……47
第3節：なぜ学校で教育するのか？──幼児教育の原点としての教育史………49
　1．子どもと労働……49
　2．すべての子どもを学校で教育すること……50
　3．義務教育の必要性……51
第4節：学力とは何か？──小学校以後を見据えた幼児教育のために………52
　1．教育課程と学力の3要素……53
　2．経験主義的学力観と系統主義的学力観との統合……55
第5節：家族にとって学校とは何か？──教育要求を読み解く………57
　1．「教育する家族」の登場以前……58
　2．「教育する家族」の登場……60
　3．「教育する家族」の教育要求……61

第3章●幼児教育の制度 ─────────────── 63

第1節：幼稚園はどのように日本に定着したか？………63
　1．東京女子師範学校附属幼稚園の創設……63
　2．「簡易幼稚園」の普及……65
　3．恩物主義批判の発生……67
第2節：なぜ幼稚園・保育所があるのか？──教育と福祉の系譜………69
　1．保育所の系譜（1890年〜1945年）……69
　　(1) 慈善事業としての児童保護／69
　　(2) 働く親のための託児所／71
　　(3) 総力戦体制下における託児所の急増／72
　2．占領期における幼保二元体制の確立（1945年〜1950年代初頭）……73
　　(1) 幼稚園の学校化／73
　　(2) 母親の就労を支援する保育所／74
　　(3)「保育に欠ける」概念の形成／75
　3．経済成長期における幼保二元体制の維持（1950年代半ば〜1970年代初頭）……76

⑴　女性就労の拡大期における保育政策／76
　⑵　幼保二元体制における保育内容一元化／77
　⑶　「幼児教育」と「保育」／78
　4．低成長期における幼保二元体制の見直し（1970年代半ば～）……79
　⑴　保育要求の多様化の進行／79
　⑵　少子化対策としての幼保一元化／80

第3節：現代日本における幼児教育の目的とは何か？………83
　1．法令上における幼稚園教育の目的……83
　2．教育全体の目的……84
　⑴　教育基本法における教育目的／84
　⑵　教育全体の目的達成によって目指すもの／85
　3．幼稚園教育の目標と教育全体の目標との関係……86

第4章●保育者とは何か　　　　　　　　　　　　　　　91

第1節：保育者はどのように誕生したか？──「子守」から「教師」へ………91
　1．保育者養成の開始……91
　⑴　見習いによる速成的養成／91
　⑵　組織的養成の始まり／92
　⑶　キリスト教系の保育者養成施設／94
　2．大学における保育者養成へ……95
　⑴　戦前日本の保育者養成の到達点／95
　⑵　戦後日本の大学における保育者養成の開始／97

第2節：保育者の資格とは？──「教諭」と「保育士」………99
　1．「幼稚園教諭」という資格が意味するもの……100
　⑴　幼稚園教諭免許状の基礎的な資格内容／100
　⑵　教職科目から見た資格内容／102
　⑶　幼稚園教諭免許と保育士資格との資格内容の違い／103
　2．「幼稚園教諭免許状」と「保育士資格」……104
　⑴　幼稚園「保姆」免許状の誕生／104
　⑵　幼稚園「教諭」免許状の誕生と普及／105
　⑶　保育士資格の誕生／106

第3節：保育者の資質とは？──保育論者の系譜………109
　1．中村五六の保育者論……109
　⑴　日本の保育理論の基盤をつくった中村五六／109
　⑵　改良進歩の主体としての保育者／110
　2．東基吉の保育者論……111
　⑴　自主的活動としての遊戯を具体化した東基吉／111
　⑵　保育者の専門的知識・技能と道徳的性格／112
　3．和田実の保育者論……114
　⑴　幼児教育法を体系化した和田実／114

⑵「幼児教育法」と「教育的精神」／115
　　4．倉橋惣三の保育者論への影響……117
　　　⑴倉橋惣三の保育思想の概要／117
　　　⑵保育者の必要条件と十分条件／118
　第4節：いま、保育者はどのような状況にあるか？………122
　　1．山陰地方における幼稚園・保育所の普及状況から……122
　　2．山陰地方における保育者集団の現状から……126
　　　⑴保育者集団の規模から／126
　　　⑵保育者の年齢構成・勤務年数から／128
　　3．保育者の統計のまとめ……135

第5章 ● 保育者の役割 ── 子ども以外との関係から ───── 139
　第1節：保育者同士における役割とは？──同僚・後継者・先輩………139
　　1．「後継者」としての保育者……139
　　　⑴常に「後継者」を必要とする保育職／139
　　　⑵「後継者」に必要な意欲・態度／140
　　2．「同僚」としての保育者……142
　　　⑴単独での課題解決と複数人での課題解決／142
　　　⑵同僚性の形成／143
　第2節：保護者に対する役割とは？──「通訳」と「パートナー」………144
　　1．子どもの「通訳」として……144
　　2．保護者の「パートナー」として……146
　　　⑴ともに子どもを育てる意識／146
　　　⑵育児のプロとしてのアドバイス／148
　　　⑶居場所の提供／149
　第3節：地域社会に対する役割とは？………150
　　1．幼稚園・保育所の開放……150
　　2．地域における子育て環境の形成……152
　　　⑴地域の子育て人材・施設の活用と組織化／152
　　　⑵幼稚園・保育所・小学校の連携／153

補章 ● 教育実習における学び ───── 157
　── 2011年度鳥取短期大学幼児教育保育学科の
　　「教育実習」を事例に
　　1．教育実習に関する自己評価の全体的傾向……158
　　　⑴自己評価の調査方法について／158
　　　⑵学生が実感する「教育実習Ⅰ」（1年生対象）の学び／160
　　　⑶学生が実感する「教育実習Ⅱ」（2年生対象）の学び／161

2．教育実習の学びの実態——「教育実習Ⅰ」を事例として……162
　⑴ 事例の抽出／162
　⑵ 教育実習に対する意欲・態度に関する学び／163
　⑶ 子ども・環境理解に関する学び／166
　⑷ 子どもへの接し方に関する学び／169
　⑸ 保育案の準備・作成に関する学び／172
　⑹ 用件処理・教職員連携に関する学び／175

全体の主要参考文献……… 177

おわりに……… 181

第1章●教育とは何か

第1節：語源から考える「教育とは何か？」

　教育とは何か。この問いに答えるには、「教育」という文字が元々持つ意味を考える必要がある。そもそも、「教」という漢字および「おしえる（教）」という日本語、「育」という漢字および「そだつ」という日本語は、どんな意味をもっているのだろうか。

　また、教育を考えるには、教育する者のあり方だけでなく、教育される者のあり方にも注目する必要がある。教育は教育される者の「学習」によって成り立つともいえる。そこで、「学習」という文字の語源から、学習とは何か考える。「學（学）」という漢字と「まなぶ（学）」という日本語、および「習」という漢字と「ならう（習）」という日本語は、そもそもどんな意味を持つのか。

　以上の問題意識から、「教育」と「学習」の語源を探りたい。そして、本節の最後には、「教育」の語源と関連づけて、学習とは何かという観点から、教育とは何かを考えよう。

1．「教育」の語源

（1）「教（おしえる）」の語源

　「教」という漢字は、図のように「コウ（×が2つ重なった字）」と「子」、そして「ボク（右側のつくりの部分）」の3つの部分からできたものである。「コウ」には、交差・交流の意味がある。「子」の上に「コウ」が位置しており、ここから子が親（または親に類する者）と交わるという意味が読み取れる。つくり部分の

（コウ）（ボク）

「ボク」という字は、棒をもって悪いことを注意する様を表す象形文字である[1]。これらを総合すると、「教」の漢字は、棒を持って注意する親と子（師と弟子）の関係を示す字ということになる。ただし、「コウ」は交流、すなわち相互関係を意味し、一方的な命令－服従関係を示すものではない。「教」の字は、親（師）が善悪を注意して教えるだけでなく、子がその注意や教えを受け入れる意味も含む。

「おしえる」という日本語は、「ヲシム」「ヲサヘ」「ヲシアヘ」という語が転じたものとされている。「ヲシム」は「愛しむ」の意であり、愛情をもって接することである。「ヲサヘ」は「抑え」の意であり、抑制することである。「ヲシアヘ」は「食饗」の意であり、ごちそうを与えることという意味を転じて、生きるための何かを十分に与えることを意味する。「おしえる」という日本語には、愛情をもって接する、何かを抑制する、生きるためのものやすべを与えるといった意味が含まれる。

（2）「育（そだつ）」の語源

さて、「育」はどうだろうか。「育」の漢字は、「云（トツ）」と「月（ニクヅキ）」から成っている。「トツ」の字は、赤子が頭から生まれる様、すなわち無事に生まれる様を示す象形文字である。「ニクヅキ」の字は、肉付きよく太る、または立派によく育つという意味をもっている。つまり、「育」の字は、子どもが無事に生まれ、健康に大きくなるという意味をもっている。

「そだつ」という日本語はどうか。「そだつ」は、「スダツ」「ソタツ」「ソヒタツ」という語が転じた言葉とされている。「スダツ」は「巣立つ」の意であり、ひとり立ちすることを意味する。「ソタツ」「ソヒタツ」は、「傍立つ」「添立つ」「副立つ」の意であり、助け導くという意味をもつ。つまり、「そだつ」という日本語は、ひとり立ちできるまで助け導くという意味をもっている。

（3）教育が成り立つには──「教える」と「教えられる」との関係

以上、「教」と「育」との漢字・日本語の語源を探ってきた[2]。このような語源をそれぞれ持つ「教」と「育」とを足した言葉が「教育」だとすると、「教育」

という言葉はどんな意味をもつといえるか。それを考えるには、教育をする側（親または親に類する者）と教育される側（子）とに分けて考えるとわかりやすい。

教育する側から見た「教育」の意味は、教育される者に対して、愛情をもって善悪や生きるすべを教え、自分で生きていけるようになるまで助け導くこと、と整理できる。教育される側から見た意味は、教育される者自身も、教育する者の教えを受容して成長すること、と整理できる。そういう意味で、教育は、教育する者と教育される者との間に生じる、コミュニケーションの一種なのである。

語源によると、教育は、教える者が一方的に教え育てることだけでは成り立たないことがわかる。教育は、教えられる者が、その教える者の行為やその内容を受け入れることによって、はじめて成り立つ。そのため、教育は、教育する者が自分の行為や教育内容に配慮するだけでは成立しない。教育される者が教育する者の行為・内容を受け入れる姿勢をいかに引き出すか。この問題を考え、対策を講じなくてはならない。また、教育される者は、教育する者の努力を求めるだけでは「よい教育」を受けられない。教育される者もまた、教育する者の教えを受け入れる姿勢（内容に含まれる概念・思想等に関する知識、論理を理解する能力、教師の言葉・行為を積極的・肯定的に受け入れる態度……など）を整える努力をしなくてはならない。

2．「学習」の語源

（1）「學（まなぶ）」の語源

「學」の漢字は、図のように、「コウ（×が2つ上下に重なった字）」が「キク」という字にはさまれて「ヤネ（ワ冠）」の上にのっている部分と、「子」の部分から成る漢字である。「コウ」は交差・交流などの意を表し、「キク」は向き合う手と手、「ヤネ」は屋根のある家を表す。これらを総合すると、「学」という漢字は、子（弟子）が親（師）に向き合って交流し、知識などを授けられている様子を表す字ということになる。「学」の字が示す知識などの伝達行為は、「コウ」の字を含むことからわかるように、師による伝達行為と、授けられた知識などを受け取る弟子による行為との両方の意味を含む。また、向かい合った二者の

手を意味する「キク」の間に「コウ」がある。この部分は、二者間で何かが手渡されている様子を示している。すなわち、「學」の字は、師弟が向き合い、師が知識などを授け、弟子がそれを受取ることを意味している。

「まなぶ」という日本語は、「マネブ」「マ・ナブ」という語が転じたものと言われている。「マネブ」は「真似ぶ」「真（誠）擬ぶ」の意であり、マコトたる真理・誠実に関して、正しい手本をまねることである。「マ・ナブ」は「真（誠）習ぶ」の意であり、真理・誠実について習うことである。「まなぶ」という日本語には、真理（すなわち深い知識）と誠実（すなわち道徳）とについて正しい手本からまねて習う、という意味がある。

（２）「習（ならう）」の語源
では、「習」という漢字はどうか。「習」という漢字は、「羽」と「白」の２つの部分から成っている。「羽」は、鳥の二枚のはね・翼を並べた象形文字である。「白」は、この場合、「日」の変形文字で、発語に限らず、さまざまな行為が行われる意味を示す字である（「自」の変形で鼻を表すという説もある）。いわば、「習」の漢字は、鳥が二枚の翼を何度も何度も羽ばたかせている様を示した文字である。習得しなければならない行為は、習得しようとした時点ではまだ十分に身につけていない行為でもある。「習」の字は、巣立ちを迎えた雛鳥やうまく飛べない若鳥が、繰り返し羽根を羽ばたかせて、飛び方を身につけようとしている様子を示している。これらを総合すると、「習」という漢字は、ある行為を何度も繰り返して身につけようとする様子を表す字ということになる。

「ならう」という日本語は、「ナレアフ」「ナラシフ」「ナラブ」という言葉が転じた語といわれている。「ナレアフ」は「馴合う」であり、「ナラシフ」は「馴歴」であり、何らかのものごとやルールに応じた行動を自然にするようになることである。「ナラブ」は「並ぶ」であり、高度な知識・態度・能力などを身につけている者と同等程度のものを身につけている状態を指す。「ならう」という日本語には、手本とすべき人物などを見習って、高度な知識・態度・能力を身につける、という意味が含まれる。

(3) 学習と教育との不即不離な関係

　以上、語源から「学習」の意味を探ってきた。「学習」とは、師によって伝授された高度な知識・態度・能力などについて、学習者が何度も何度も繰り返しまねをして、ついに同程度のものを身につけるという、一連の主体的行為を意味する。学習は学習者（教育される者）の行為ではあるが、師（教育する者）の行為がなくては、成り立たない。

　教育される者の学ぶ姿勢がなくては、教育は成立しない。教育する者による教育的行為がなくては、学習も成立しない。つまり、教育と学習とは、相異なる行為であるが、別々に成立しうるものではない。教育と学習とは、不即不離の関係において成立するといえる。教育者による教育は被教育者の学習があってはじめて成立し、学習者による学習は教育者による教育があってはじめて成立するのである。たとえば、教師が被教育者に何の手もかけずに放任していては、教育・学習は成立しない。教育者には、学ぶべきものに被教育者を近づけていく努力が必要となる。学ぶべきものを被教育者に合わせて加工することも必要となる。被教育者には、教育者が教えることを素直に受け止める努力が必要となる。

[主要参考文献]
松浦伯夫『教育理念の展開——日本教育史研究』ぎょうせい、1988年。
藤田英典・田中孝彦・寺崎弘昭『教育学入門——子どもと教育』岩波書店、1997年。
藤堂明保・松本昭・竹田晃・加納喜光『漢字源』学習研究社、2006年。
江原武一・山崎高哉編『基礎教育学』放送大学教育振興会、2007年。

[注]
(1) この「ボク」の字を体罰の意味でとらえ、教師－子ども間の権威・強制・非人権的関係を指摘する説もある。このような語源解釈も重要であるが、他方でこの解釈では「幼児教育」の本質を捉え切れず、逆に偏った幼児教育観を形成しかねない。そのため、ここでは江原・山崎編（2007年）の説にもとづき、体罰という行為ではなく、悪事の注意・指摘という意図に着目している。
(2) なお、「教」の漢字は、お告げの様を描いた象形文字であるという説もある（寺崎弘昭「教育と学校の歴史」藤田・田中・寺崎『教育学入門——子どもと教育』岩波書店、1997年、111頁）。ここでは、江原・山崎編（2007年）の説を採った。

第2節：人間形成における「教育とは何か？」

　我々は生まれたときから「人間」だったのではない、という考え方がある。我々は、生物としての「ヒト」として生まれる。生物としてのヒトは、「人間」と同じだと、本当にいえるだろうか。

　ヒトは、様々な経験を通して、徐々に人間に「なって」いく。この人間形成の過程において、非常に重要な役割を果たすのが教育である。本節では、「人間が形作られ、人間になる」という過程、すなわち人間形成過程における教育の役割を考えていこう。

1．ヒトとは何か

（1）生物の発展要因

　生物が発展していく要因は、主に3つある。「遺伝」「学習」「教育」の3つである。理論的には、生物はそれぞれ特定の要因を1つ、または複数有している。

　生物には、発展要因として「遺伝」しか持たないものがいる。彼らは、突然変異によって遺伝子が変質しない限り、ずっと同じ形や性質をもち続ける。遺伝にインプットされている能力・性質しかもたず、もし生後に偶然に新たな能力・性質を身につけたとしても、次の世代に引き継ぐすべはない。

　生物には、発展要因として「遺伝」と「学習」とをあわせもつものがいる。キツネなどの哺乳類は、弱ったエサを子どもの前に置き、エサのとり方を学ばせる。子は親をまねてエサのとり方を学ぶ。また、サルの群れのなかには、石をつかって木の実を割る群れがある。この群れがこの技術を使えるのは、その群れの中の一匹がこの技術を編みだし、それを他のサルがまねて学習したからである。哺乳類などの高度な知能を持つ生物には、このような学習能力がそなわっている。彼らは、遺伝にインプットされている能力・性質だけでなく、学習によって後天的に新たな能力・性質を身につけることができる。ただ、学習だけでは、新たに創り出した能力・性質を意図的に次世代に伝えようとするわけではない。学習した個体の死によって、その学習成果が消滅してしまうことは多い。

生物には、「遺伝」「学習」に加えて、「教育」を行うものがある。その代表的な生物こそ、ヒトである。ヒトは、学習によって得た様々な能力を、次の世代に意図的に伝えようとする。次世代に伝わった能力や技術は、さらなる学習によって改良を加えながら、教育によってさらなる次世代へと伝えられ、高度化していく。教育によって、生物は連続的に豊かに発展する。ヒトは、教育によって、遺伝や学習のみしか発展手段のない生物とは比べものにならないほど著しい発展を遂げ、今後も発展を続けていけるのである。

（２）ヒトの特徴

　学習によって生み出された能力は、そのままでは、その生み出した者にしか扱うことができない内在的な能力である。個人に限定された内在的な能力を学ぶには、じっくりと観察して、何度もまねて練習しなければならない。これは、容易なことではない。このままでは、次世代に伝え、著しい発展を望むことは難しい。
　個人に限定された内在的能力を他者が容易に学習できるようになるには、内在的な能力を、生み出した者以外にも扱えるような能力、すなわち外在的な能力に変換しなくてはならない。内在的能力は、文字・音声・身体など（メディア）によって、外在的能力に変換（表現）される。外在的能力は、知識や技術として蓄積され、一定の「文化」を形作っていく。文化が高度化して、高度な概念操作を行ったり、道具や機械などを使ったりするようになると、自然な学習だけでは対応できなくなる。そこに、組織的・計画的に教育・学習する必要性が生じる。そして、組織的・計画的に教育・学習する場である学校が、高度化した文化を次世代に伝えるために必要になる。
　高度な文化を生み出し、学校まで設けたのは、地球上の生物のなかではヒトだけである。ヒトの特徴は、高度な文化を持ち、その文化を学校教育によって次世代に伝えていくことにある。

2. ヒトが人間になること

　生物としてのヒトは、「生理的早産」という特徴をもっている。ヒトは、１年近く母胎にいながら、産まれた瞬間にはほとんど何もできない。ウマは産まれて

すぐに自分で立ち上がるが、ヒトはものにつかまって立ち上がるのに産後半年以上かかる。歩き始めるには、1年以上かかる。ヒトは、生きるための生理的能力を十分身につける前に、産まれてしまうのである。そして、産後、ゆっくりと成長していく。ヒトは生理的早産であるがゆえに、一人では生きていけない。生まれたばかりのヒトは、外敵から逃げ、自然の驚異から身を守ることはできない。そのため、ヒトは他者の助けを必要とする。

　ヒトは高度な文化を持っている。ヒトが他のヒトと共同生活するには、様々な文化を身につけなくてはならない。人間として生きることとは、ただ息をすること、栄養を摂って排泄することではない。服を着、道具を使い、言葉を話し、共同生活をする。ヒトは、別のヒトから教育を受け、学習し、文化を身につけることによって、人間らしくなっていく。ヒトは、文化を身につけることによって、ただの生物とは区別される存在、すなわち人間になる。そのため、教育や学習の機会を与えられなかった場合、ヒトは人間になりそこねる可能性もある。「人間」は、ヒト（人）とヒト（人）との間で存在し、育ち、生きていくヒトである。

　ルソー（Rousseau, J. J. 1712〜1778）は、代表的著書『エミール』（1762年）のなかで次のように述べている(3)。

フランスの思想家
J・J・ルソー
（1712〜1778）

　わたしたちは弱い者として生まれる。わたしたちには力が必要だ。わたしたちはなにももたずに生まれる。わたしたちには助けが必要だ。わたしたちは分別をもたずに生まれる。わたしたちには判断力が必要だ。生まれたときにわたしたちがもってなかったもので、大人になって必要となるものは、すべて教育によってあたえられる。

　ヒトは、教育によって文化を身につけ、「人間になる」のである。

［主要参考文献］
　ルソー（今野一雄訳）『エミール』上巻、岩波文庫、1962年。
　心理科学研究会編『育ちあう乳幼児心理学——21世紀に保育実践とともに歩む』有斐

閣、2000年。
田島一・中野新之祐・福田須美子・狩野浩二『新版やさしい教育原理』有斐閣、2007年。

[注]
(3) ルソー（今野一雄訳）『エミール』上巻、岩波文庫、1962年、24頁。

第3節：「わかる」とはどういうことか？

　保育者になるためには、様々な知識を身につけるため、様々な授業を受けて「わかって」いかなくてはならない。学生は、授業中、なんとなく説明を聞き、板書を書き写すだけで満足していないだろうか。その状態では、実は「わかる」ことはできない。「わかる」とはどういうことか。「わかる」にはどうしたらよいのか。

　子どもたちも、様々な環境にかかわって様々に活動して学び、「わかって」いく。大人のわかり方と子どものわかり方とを同一視することはできないが、本節の内容は、幼児教育を考える上でも重要な示唆を与えるだろう。

　以上の問題関心にもとづき、本節では、「わかる」ということの意味について、認知心理学の成果を整理したい。まず、「わかる」とはどういうことか、情報を得る段階としての「見る」、情報を処理する段階としての「わかる」、情報を定着させる段階としての「おぼえる」という視点から考えていきたい。次に、「わからない」とはどういうことかを考える。その際には、「何が問われているかわからない」ということ、「なぜわかりたいかわからない」ということ、「そもそもわかる気がない」ということがどういうことか、に分けて考えていく。

1．「わかる」とは？

（1）意図的な行為としての「見る」

　目で見ればわかる、という言葉がある。まず、「見る」ことから、「わかる」ことについて考えてみよう。

　物事を「見る」とはどういうことか。生理学的に説明すれば、目から入ってき

た光を網膜で電気信号に変え、脳に情報を送ることと説明できる。しかし、認知心理学の観点から見ると、これでは十分な説明にならない。人には、「見ようとしていない」（気づいていない）ために、視野に入っているはずのものが「見えない」ということもありうる。疲れて歩いていたときに、視野に入っているはずの人や自転車に気づかず、ぶつかってしまった経験はないだろうか。人は、「見よう」と思ったものを「見る」のである。「見る」こととは単なる受容的な行為ではない。

　見えるはずのものが見えない、というのは、心の中のイメージも同様である。まず目を閉じて、心の中に大きなゾウを思い浮かべてみてほしい。目はどんな目をしているか。鼻はどんな鼻をしているか。耳はどんな耳をしているか。背中はどんな背中をしているか。その次に、ゾウの足下にいるカエルをイメージしてほしい。その目はどんな目をしているか。足はどんな足をしているか。

　さて、カエルをイメージしているとき、ゾウは見えていただろうか。見えていたとしても、大きな足が見える程度ではないだろうか。さらに、カエルの背中に止まっているハエをイメージしてほしい。さきほどまで見ていたはずのカエルの目や足は、今見えているだろうか。実際の目にも視野があるように、心の中のイメージにも視野がある。心の中でも、全てが見えるわけではなく、「見よう」としたものしか「見えない」のである。

　物事を「見る」とは、何を見ようとするかで情報内容が変化する選択的・意図的な行為である。友人と一緒に実習へ行って、同じクラスの子どもたちを観察していたのに、実習日誌の内容がまったく違うことがある。その理由は、自分と友人とでは、筆記の能力が違うからだけではない。何を見ようとしているかが違うから、日誌の内容も違ってくる。子どもを観察する上でも、何を見るかという自分の意思・意図が大事になってくるのである。

　日誌に書く内容がないと嘆く実習生は少なくない。そのような人には、自分の能力を嘆くよりも先に、「自分は一体、子どもたちや保育の何を見ようとしているのか」という問いに答えてみてほしい。答えが出てこないならば、あなたは何も「見よう」としていない（「見よう」とできていない）のかもしれない。何を見るべきか、何を見たいのか、真剣に考えてほしい。

(2) 新しく「わかる」ことと、すでに「わかっている」こと

　人は、新しく「わかろう」としていることと、「すでにわかっている」こととが結びつく時に「わかる」ようになる。例えば、くり上がり計算はどのように「わかる」のか。

　幼児がくり上がり足し算をわかるのは難しい。ここでは、6歳のわかり方の事例を紹介しよう(4)。「56＋25」の答えは「81」である。事例の子は、5歳頃までに、簡単な足し算ならば指折り数えて答えることができた。しかし、十の位のみを取って「50＋20＝70」まではわかるが、一の位の「6＋5」の答えがわからなかった。6歳の夏休みに、父親がある実験をした。まず、「昔は7＋2はどうやっていたかな」とこの子に問い、「7でしょう。（指を折りながら）8、9」と指折りで数えていたことを思い出させた。その上で、父親は「じゃあ37＋12は？」と質問した。この子はあれっという表情をして、「49！」と答えた。その数週間後に「28＋48」を問うと、「76」と答えた。この子は、くり上がり足し算ができるようになったのである。どうしてわかったのか問うと、以下のように答えた。

　　だって、20たす40は、2たす4みたいでしょう。［それを足した結果の］6は60みたいでしょう。そこで8をとって、68。［そこから指を折りはじめて］69、70、71、72、73、74、75、76。だから76になる。

　上述の事例の子どもは、当初、くり上がり足し算がわからなかった。しかし、父親の支援によって、指折り計算とくり上がり足し算とが結びついた。指を折って計算すれば、くり上がり足し算の際にも、答えが出るということがわかったのである。この子は、指折り計算とくり上がり足し算とは、結局のところ同じことだと納得したために、くり上がり足し算がわかったのである。

　人は、「あれと同じだ」や「こういうことね」などと納得することによって、新しいことを「わかる」ようになる。「わかる」ためには、新しいことを自分がすでにわかっていることと関連づける意思や思考が必要なのである。ある程度意図的に、新しい内容を適切な形に変形・操作・意味づけ・比喩化し、すでに知っていることと結びつける時、人は「わかる」のである。もちろん、本来の意味を誤解してはいけないので、内容を変形するなどの場合、元々の意味と異なってし

まわないよう注意しなければならない。

　学生の中には、授業がわからない、教科書に書いていることがわからない、と嘆く人も少なくない。授業者や文章そのものが良くない場合もあるかもしれないが、上述のように考えると、授業や本がわからないのは、自分がすでに知っていることと結びつけようとしていないからかもしれない。ならば、授業や本を「わかる」ためには、自分の既に持っている知識や体験・経験を思い浮かべ、授業や本の内容と関連づけようとする努力が必要になる。または、結びつける際に必要な、すでに知っていることそのものが不足しているのかもしれない。ならば、授業前や本を読む前に、他の本を読んだり、様々な体験・経験をして、すでに知っていることを増やす必要がある。授業や本の内容を「わかる」ためには、自分自身が「わかろう」として様々な努力をしなければならないのである。

（3）考えながら「おぼえる」
　わかったならば、人は「おぼえたい」と思う。では、「おぼえる」にはどうすればよいのか。人が「おぼえる」ために行わなければならないことは、知識を頭に詰め込み、脳裏に焼き付けて、しまいこむことではない。必要なことは、実は、後で頭の中から取り出しやすくしておくことである。例えば、次の3つの文をおぼえてみてほしい。

　　(1)背の高い人が花火を買った。
　　(2)ふざけた人が指輪を好んだ。
　　(3)背の低い人がほうきを使った。

　これらは、そのままだと、おそらくおぼえにくいだろう。しかし次の状況をイメージして見ると、どうだろうか。

　　(1)背の高い人が、おもちゃ屋の高い棚にあった花火に手をのばして、買った。
　　(2)ふざけた人が、水鉄砲付きの指輪でいたずらするのが好きで、その指輪を好んだ。

(3)背の低い人が、高いところにあるスイッチを押すために、ほうきを使った。

　最初の文よりもおぼえやすくなったのではないだろうか。状況をイメージすると、後から文を再度イメージしやすくする。「おぼえる」ことは、後から思い出しやすくすることでもある。語呂合わせでも思い出しやすくなるが、それではまったく無意味な言葉の羅列となってしまう。語呂合わせでは、意味を持った生きた文や言葉として、思い出すことはできない。

　意味をもったまま後から思い出しやすくするには、必然的な状況を思い浮かべると容易になる。人は、状況や目的・理由などと関連づけて物事をおぼえる。物事に関連づけられている状況が、より必然的であると、よりおぼえやすくなる。たとえば(1)の文の場合は、花火を買ったのはなぜ背の高い人であったのか、ということがわかる必然的状況を思い浮かべると、おぼえやすくなる。(2)や(3)の文もそうである。

　おぼえるために、なるべく情報を少なくしようとすることがある。状況に関する情報を切り捨てて丸おぼえしようとすると、実は、逆におぼえにくくなる。必然的状況を思い浮かべるには時間がかかる。しかし、時間をかけて思い浮かべる方が、丸おぼえして何度もおぼえ直すよりも、結果的には時間は短くて済むこともある。おぼえるためには、「なぜそうなのか」という必要性・必然性を意識することが必要である。場合によっては自ら必然的状況を創り出し、確かにそうだと自覚する必要がある。

　「おぼえる」ために必要なもの（メタ認識）は、次の３つだといわれている。すなわち、(1)おぼえる必要性・必然性の自覚、(2)記憶しやすいかしにくいかの難易判断や要因の自覚、(3)おぼえているかどうかの自覚、の３つである。４歳頃には、「これはおぼえておこう」として必要性を示されると、簡単な内容を１つだけならば、おぼえるようになる。その後、発達が進めば、自分で必然的状況を思い浮かべて、必要性・必然性を創り出すことができるようになる。

　また、「おぼえる」には、おぼえにくいものとおぼえやすいものとを区別し、なぜおぼえにくいか、なぜおぼえやすいかの要因を自覚することも必要である。おぼえにくいものであれば、同じ種類ごとにカテゴリー化して整理したり、要

約・一般化したり、言い直したりして、おぼえやすくする必要がある。もちろん、自分がどれをどのくらいおぼえられそうかを自覚していなければ、そういった内容の操作すらできない。10歳頃には、どのくらいおぼえられそうかおおよそ正確に予想できるようになる。なお、6歳頃までは、自分の能力の倍くらいおぼえられると誤認してしまうが、具体的な状況（例えば友達を何人くらいおぼえられるか）に沿って質問すれば、おおよそ正確な予想が可能になる。

　さらに、「おぼえる」には、おぼえているかどうかの自覚（モニター）が必要である。「おぼえる」には、必然的状況を思い浮かべたり、復唱（リハーサル）して集中的に記憶を明確にする必要があるため、ある程度時間と手間がかかる。その時間と手間とをかける前に、おぼえるのをやめてしまったら、もちろん思い出すことはできない。なお、6歳頃までの子どもは、自分がおぼえているかどうか正確に自覚することはできないため、「おぼえたら言ってね」「もういいよ」などのやりとりは、あまり意味をなさない。8歳頃にはようやく可能になるが、おぼえるために復唱することを自発的には行わない。9歳頃になると、おぼえたい言葉を自分で選び、集中的におぼえようとするようになる。

　以上のように、「おぼえる」には、次のことをしなくてはならない。まず、後から思い出しやすくするために必然的状況を思い浮べる。そして、おぼえにくいものをおぼえやすいものにするために、なぜおぼえにくいのかその理由を理解して適切な手立てをとる。また、自分がおぼえているかどうか確実に自覚し、おぼえるまで時間と手間をかける。

　人が「おぼえる」こととは、頭や脳をバケツのようにして、目や耳などから得た情報をそのまま蓄積することではない。「おぼえる」ことは、情報を受け身で受けとめることではなく、情報へ自分からかかわり、適切な手立てを考え出すことによって可能となる。大事な内容なのに、すぐに忘れてしまって困ったことはないだろうか。すぐ忘れてしまうのは、なぜこの内容が大事なのか、必要性・必然性を自覚することをおこたっているのかもしれない。どういう内容なのか、その性質を無視しているのかもしれない。確かめもせずにわかったつもりになって、自分がおぼえているかどうか、自覚しようとしていないのかもしれない。自分からおぼえようと努力しているか、ふり返ってみてほしい。

2.「わからない」とは？

（1）何が問われているか、がわからない──自分で必然性を補う必要

では、逆に「わからない」ことはどういうことかを考えていこう。まず、何が問われているか（何が問題になっているか）わからないので「わからない」という場合を考える。

先述の通り、必然的状況を思い浮かべることによって、物事はわかりやすくなる。問いそのものに必然性があれば、当然、必然的状況を思い浮かべやすい。ただ、人によって必然的であると思う状況は異なるため、ある程度、自分で必然的状況を考えなくてはならない。自分で理由や根拠を考えて、問いや文章を補う必要がある。それを省略すると、なぜ問われているかがわからない。なぜ問われているかがわからなければ、当然、何が問題なのかもわからない。

そうであれば、何が問われているかわからない場合、「わかる」ためにできることは、その問い・文章の必然性を高めるため、自分で理由や根拠を考えて文章を補うことである。読解力の高い人々は、自分で納得するよう自分で理由や根拠を補うことに時間をかける。読解力不足の人々は、自分で納得するよう文章を補うことに時間をかけず、ただ字面を何度も読んでいるだけに止まる。読解力が十分でないと感じる人は、実は、自分で納得するように必然的状況を見つけ出そうとせず、文章を補おうとしていない可能性がある。その場合は、物事の必然性を探し出し、自分で考えてでもそれなりに納得するようにしていく必要がある。

（2）なぜわかりたいか、がわからない──価値を味わう必要

なぜわかりたいかがわからなければ、わかろうとしない（必然的状況を見つけ出そうとしない）ため、わかることは困難となる。わかろうとしない理由は様々である。とくに重要な理由は、わかることで何が変わるのかが想像できず、わかった後の世界が見えないからという理由である。「見える」ものは、自ら「見よう」と思ったものに限られる。当然、「見よう」と思わなければ、わかった後の世界は見えない。ならば、わかるには、わかった後どうなるのかを考えようとする意思や意欲が必要となる。

また、わかろうとしない理由の一つに、将来、活用する気がないからという理由もある。または、活用する気があっても、極めて浅く活用する程度に思っている場合も同様である。わかるべき物事に必然性を感じると、わかりやすくなる。将来活用したい、または活用するだろうという欲求や予感は、一種の必然性を生じさせる。わかるには、将来の活用状況（必然的状況）を考える必要がある。価値を自ら見出す必要があるといってもよい。

　普通教育や一般教養の内容には、わかった後に何がどう変わるか、将来どのように活用するかすぐにわからない内容が多い。難しい数学の数式をなぜおぼえなければならないのか、外国へ行くわけではないのに英単語をなぜおぼえなければならないのか、疑問に思った人もいるだろう。この疑問に答えるには、「わかる」ことの意味を別の観点から考え直す必要がある。

　「わかる」ということは「文化的実践へ参加すること」である、という考え方がある。この場合の文化的実践とは、知識・文化を共有し、味わい、作り出す実践を意味する。文化的実践への参加とは、ある知識・文化を「わかる」ことによって、その知識・文化を共有する仲間になり、それを仲間とともに味わい、自分なりにも関連する知識・文化をつくってみる楽しみを味わうことである。数学の数式は、ただの知識ではなく、数によって世界を認識するため、長い歴史をかけて人々が考えてきた一つの文化である。英単語は、英語を使って形成されてきた英語文化を味わうために必要な基礎知識であるだけではなく、それそのものが人々の生活や思想などを示す文化でもある。数式や英単語をわかる（おぼえる）ということは、そのような特定の文化を共有し、味わい、作り出す実践へ参加することなのである。

　保育者になるためには、様々な知識・技術を学ばなくてはならない。基礎的な知識・技術には、なぜ学ぶのかすぐにわからないものも多い。しかし、それらの知識・技術は、保育者文化の一部ともいえるのである。保育の知識・技術を学ぶということは、単位・免許・資格を取得するということでもあるが、同時に、保育の「よさ」や意味を共有し、味わい、自分なりに保育をしてみる（作り出す）文化的実践に参加するということでもある。

（3）わかる気がない——やる気を出すには？

　上述の通り、「わかる」には、学習者の様々な努力が必要である。当然、わかる気がなければ、そのような努力をするはずはない。「わかる」ために必要なことをやる、わかる気（やる気・意欲）がなければ「わかる」ことはできない。

　なぜ、やる気が出ないのだろうか。様々な理由があるだろうが、いわゆる「自己原因性の喪失」の状態になっていることがある。すなわち、自分が何をしたって、大して周りの状況に変化をもたらすことなどないだろうと思っているのである。授業内容を聞いていてもどうせわからない。だから、おしゃべりをしても気にならないし、本気で寝ても気にならない。しかし、自分が何もできない能力のない人間だとは認めたくない。その場合、自分にある何らかの能力を否定されないように、前もってアリバイ作りをするようになる。こんなテストや授業で自分の能力を判定することはできない、前日寝てしまったのでできなかった、先生や親が気に入らないことを言ったので気が向かなかった、などのようにである。アリバイ作りばかりに力を入れ、わかろうとする努力をしないうちに、本当に授業について行けなくなっていく。そこからはい上がるのは、並大抵のことではない。

　授業中におしゃべりしたり、居眠りしたり、時間や締切に遅れると、先生やクラスメートに注目されることがある。授業外で逸脱行為をしたときにも、友人から注目され、ときには賞賛されることもある。このとき、自分は「原因」になっている。してはいけない行為であっても、自分が原因になれる状況・感覚を味わうためにしてしまう。しかも、「わかる」方へ向かうよりも「わかる」方から遠ざかり、次なる逸脱行為につながっていくことにもなる。

　やる気のない人（自己原因性が欠如した人）には、次のような５つの特徴があるという。すなわち、(1)内的コントロールの欠如、(2)目標設定の欠如、(3)手段選択の欠如、(4)現実感の欠如、(5)自信の欠如、である。内的コントロールの欠如とは、自らの行為や思考を自分の意思で操作・調整することが難しい状態である。目標設定の欠如とは、自分の行為・思考や自分の周りの環境を変えるための目標を示すことが難しい状態である。手段選択の欠如とは、必要な手立てを自分で考えることが難しく、したがって自分のした結果の責任を自分からとろうとしない状態である。この上に自信が欠如していると、自分の力を信頼することができず、困難をやりとげることもできない。この状態で文章を書くと、できごとを

意思・意図などの内的要因で説明するのを避ける傾向がある。そして、その登場人物はいつも無計画・無責任であり、「なりゆき」で行動しているような文章を書いてしまう。現実感が欠如していると、現実では考えられないような内容を書いてしまう。

　一度、叱られたことを題材にして、日記を書いてみよう。日誌でもよい。自分や他者の行為を「なりゆき」のように書いていないだろうか。自分の文章を見直して、自分や他者の意思・意図を意識しているか（内的コントロール）、何のためにそれをしたのか（目標設定）、なぜそのやり方を選んだのか（手段選択）、現実にあったことか（現実感）、やりとげようという意思はあるか（自信）、改めて確認してほしい。これらの問いに対する答えが文章から読み取れない／読み取りにくい場合、やる気のない人になっている／なりかけているのかもしれない。

　完全な「なりゆき」で決まる結果など、この世には存在しない。自分の思考・行為は、自分の立てた計画（無計画という計画もありうる）にもとづいて行われるのであり、程度の差はあれ、責任は必ず自分にある。人の思考・行為は、人の意思・意図によって変化する。結果は、目標を立て、手立てを考え、計画して得るものである。困難は、適切な目標・手段を設定して計画的にすれば、必ず乗り越えられる。

　自分には何らかの能力があると思うのならば、自分を信じて適切な行動にうつすべきだ。「わかる」ためには、学習者自身の意思がなくてはならない。学習者自身が、適切な目標、適切な手段、適切な計画を設定し、それを粘り強く遂行しなければならない。その時、教育者はよろこんであなたを支えるだろう。教育者は、「わかる」過程や条件をふまえ、その学習を支援するはずである。

　　［主要参考文献］
　　佐伯胖『「わかる」ということの意味［新版］』子どもと教育、岩波書店、1995年（旧
　　　版1983年）。
　　佐伯胖『「学ぶ」ということの意味』子どもと教育、岩波書店、1995年。
　　佐伯胖『「わかり力」の探究――思索と行動の原点』小学館、2004年。

　　［注］
　　（4）　佐伯胖『「わかる」ということの意味［新版］』岩波書店、1995年、139〜155頁

(Lawler, R. W., *Computer Experience and Cognitive Development: A Child's Learning in a Computer Culture*, West Sussex, England: Ellis Horwood Ltd., 1985)。

第4節：「生きる力」とは何か？──現代日本における幼児教育の目標原理

　教育とは、教育者が学習者へ人間として生きるための力を与え、学習者がそれを身につけることである。生きる社会が違えば、必要とされる文化も違い、したがって生きる力の内実も違ってくる。近年、日本では、「生きる力」をはぐくむ教育を実現するための教育改革が行われてきた。この「生きる力」とは何か。

1．幼稚園教育のはぐくむ「生きる力」

（1）幼稚園教育への「生きる力」の導入

　現代日本において、幼稚園は学校の一種である。幼稚園教育の基本的方針を定める幼稚園教育要領第1章第2によると、幼稚園は以下のことを期待されている。

　　　幼稚園は、家庭との連携を図りながら、［略］幼稚園生活を通して、生きる力の基礎を育成するよう学校教育法第23条に規定する幼稚園教育の目標の達成に努めなければならない。

　幼稚園は、現代日本において、「生きる力」の基礎を育成することを期待されている。ここでの「生きる力」とは何か。なお、保育所も、教育内容については幼稚園のものに準じる方針をとっているため、保育所にとっても「生きる力」は無関係ではない。
　現代日本の学校教育の目標原理となっている「生きる力」は、平成8（1996）年7月19日発表の中央教育審議会（「中教審」と略す）答申「21世紀を展望した我が国の教育の在り方について」を直接の契機としている。この答申の第1部(3)は、教育のあり方について、今後の変化の激しい社会を見据えて、次のように述べた。

我々はこれからの子供たちに必要となるのは、いかに社会が変化しようと、自分で課題を見つけ、自ら学び、自ら考え、主体的に判断し、行動し、よりよく問題を解決する資質や能力であり、また、自らを律しつつ、他人とともに協調し、他人を思いやる心や感動する心など、豊かな人間性であると考えた。たくましく生きるための健康や体力が不可欠であることは言うまでもない。我々は、こうした資質や能力を、変化の激しいこれからの社会を［生きる力］と称することとし、これらをバランスよくはぐくんでいくことが重要であると考えた。

　ここでは、「生きる力」として、「問題解決能力」、「豊かな人間性」、「健康・体力」の3つが挙げられている。この3つの「生きる力」をはぐくむために大幅な学校教育改革が行われ、平成10（1998）年12月14日、幼稚園教育要領および小学校・中学校の学習指導要領が改訂公示された。幼稚園は、このときから、「生きる力」をはぐくむ学校として再スタートしたのである。

（2）現代日本の幼稚園教育における「生きる力」

　現代日本の「生きる力」は、平成10年時点のものから少し意味合いを変化させている。文部科学省は、平成20（2008）年3月28日、幼稚園教育要領および小学校・中学校の学習指導要領を再度改訂公示し、「生きる力」をはぐくむ学校制度の再編成を行った。このときの改訂は、平成10年の学習指導要領改訂が深刻な学力低下を招いたという世論を受けて行われたものであり、学力の維持・向上を目指すものであった。この改訂にあたって、文部科学省は、従来の「生きる力」の考え方を修正した。従来「生きる力」と考えられていた「問題解決能力」「豊かな人間性」「健康・体力」のうち、「問題解決能力」を「確かな学力」へ変更した。これは、従来の「問題解決能力」に基礎基本的な知識・技能を関連づけ、それを「確かな学力」としてまとめ直したものである。現在の幼稚園教育要領が育成すべき「生きる力の基礎」とは、これら「確かな学力」「豊かな人間性」「健康・体力」の基礎的内容を指す。

　幼児教育は、卒園後に引き続く学校教育と連続している。「生きる力」という目標を通じて、小学校以上の学校教育とつながっている。ただし、幼児教育で育

てるのは「生きる力の基礎」であり、「生きる力」そのものではない。幼稚園教育は、教育基本法や学校教育法にあるように、独自の目的・目標をもつ（第3章第3節参照）。幼稚園に求められるのは、小学校以後の学習に直接役立つ知識・能力を育てることではなく、独自の目的・目標にもとづいて「生きる力」の基礎を培うことである。

2.「生きる力」の必要性

（1）生涯学習社会の到来

　先に引用した平成8年の中教審答申「21世紀を展望した我が国の教育の在り方について」には、「変化の激しいこれからの社会を［生きる力］」と書いてある。つまり、「生きる力」は、「変化の激しいこれからの社会」を生きるための力なのである。

　現代社会では、あらゆるものが常に大きく変化する。多くの専門家の手によって科学技術が常に進歩し、インターネットの普及によって世界中に情報が急速・大量に流通する。このような社会には、学校時代に獲得した知識・技術だけでは、すぐに対応できなくなってしまう。そのため、人々は、生涯を通して常に学習し、自ら新しい知識・技術を身につけ、時代に対応していかなくてはならない。また、価値観の変化に応じて、いかに自己実現していくかについても真剣に考えなくてはならなくなった。

　従来、教育といえばせいぜい大学までの学校教育を指すことが多かった。しかし、変化の激しい現代社会では、若いときに受けた学校教育のみを頼りに生きていくことはできない。人々は、常に自ら課題を見出し、考え、判断し、行動するために、学び続けなくてはならない。このような社会を「生涯学習社会」という。

　「人間は生涯学び続ける」という考え方は、古くからある。ただ、古代のそれと現代の生涯学習論との意味は、次の点で異なっている。古典的な生涯学習論は個人的な人間形成を問題とする一方で、現在の生涯学習論は、国家社会の教育・学習支援をも問題とする。国として、社会として、いかに個人の生涯学習を支えるか、という問題が、生涯学習では取り上げられる。

　1965年、パリで開かれたユネスコ成人教育推進国際委員会で、ユネスコ成人教

育部長のラングラン（Lengrand, P. 1910〜2003）が「éducation permanente（永続教育）」という考え方を示した。これを契機として、世界中で生涯学習の追究が始まった。日本における生涯学習論の本格的な追究は、昭和42（1967）年のラングランの翻訳から始まった。ついには、昭和62（1987）年4月1日、内閣総理大臣の諮問機関であった臨時教育審議会が、第三次答申の中で、教育改革の方針に「生涯学習体系への移行」を挙げた。ここから、日本の教育は生涯学習へ対応するように改革されていく。平成8年の中教審答申から平成10年・20年の幼稚園教育要領・学習指導要領の改訂に至る教育改革は、この流れに沿ったものである。

（2）生涯学習社会における学習の必要性

では、学校教育ではぐくむべき「生きる力」は、生涯学習社会におけるどんな問題に対応する必要があるのか。生涯学習社会の問題は多様なため、ここではいくつか事例を検討するにとどめる。以下、急激な社会変化に関する3つの問題、および自己実現の学習ニーズの高まりに関する2つの問題を検討しておこう。

第1の問題は、グローバル化である。従来、人々の生活は一国内で完結しがちだったが、近年、地球規模で考えなくてはならなくなった。日本の場合、海外旅行の普及により、国外に日本人が出て行くことが多くなる一方で、逆に国内に外国人が入ってくることも多くなった。観光だけでなく、出稼ぎにくることも多い。また、日本国内にアメリカなどの海外文化が流入するとともに、日本文化も海外へ流出している。環境問題については、黄砂や酸性雨など、国内だけでは対策が立てられないものも多い。経済活動においても、海外の経済不況、輸入食料、石油資源、漁獲量減少など、国内だけでは対策を立てられない問題は多い。グローバル化は、これらの問題にかかわって、我々の生活スタイルを大きく変えていく。このような変化に対応する上では、生涯学習が鍵となる。

第2の問題は、情報化である。現代社会においては、専門家の増加、専門領域の多様化などにより科学技術が急激に発展している。毎日毎日、大量の情報が生まれ、メディアに乗せられていく。現代では、我々に情報をもたらすメディアは多様にある。本、雑誌、新聞、ラジオ、テレビ、電話、そしてEメール、インターネット等。とくにインターネットの普及により、人々は大量の情報にすぐアクセスできようになった。今では、インターネットへアクセスできるかできないか

によって、入手できる情報量に格段の差ができてしまう。また、大量の情報の中から必要な情報を得たり、本物かニセ物かや善悪を判断したりする能力（メディアリテラシー）も、情報化の進む社会ではさらに重要になる。大量の情報がやりとりされる中で激変する社会に対応するには、人々は、十分なメディアリテラシーを身につけて、大量の情報から必要な情報を取り出し、その質を見極めて学んでいかなければならない。

　第3の問題は、就労形態の変化である。かつての日本では、学歴のみによって能力を判断する時代があった。今では、人々の能力は学歴だけで評価されるわけではない。しかし、能力を測る指標が不要になったのではない。現在は、学歴に代わって、資格によって能力を測る傾向が強くなった。急激な社会変化に対応するために、就職時点だけでなく、働きながら新たな資格を取得することが求められるようになっている。終身雇用制が廃止され、転職が容認される時代、またはいつ失業するかわからない時代にあって、人々は常に学び続けることを要求されている。

　第4の問題は、高齢化である。従来は少数派であった65歳以上の人口が、増加している。しかも、従来型の「病弱な老人」イメージにあたらない、健康な高齢者が増加している。また、平均寿命が延び、平成20年には男性79.29、女性86.05歳に達した。退職後20年間、健康な老後をどう生きるか。老後はすでに「余生」ではなく、「第二・第三の人生」ともいえる長さになっている。とくに職業生活を生き甲斐にしていた人々にとって、退職後をいかに生きるか、という問題は重い。ここにも生涯学習の必要性がある。

　第5の問題は、女性のライフスタイルの変化である。男女共同参画社会が目指される現代日本では、女性の社会進出が進み、職業に長く就く女性が増えた。また、それにともなって、晩婚化が進み、20〜30代女性の生き方が多様化した。家庭に入った女性たちにしても、少子化や生活の家電化、男性の子育て参加によって、子育て中の生活には昔よりも余裕がある。また、平均寿命の延長によって、子育て終了後の期間はかつてよりずいぶんと長くなった。女性がいかに生きていくかを考え、学ばなくてはならない機会は多い。

(3) 生涯学習のための「生きる力の基礎」

　以上のように、現代社会は、生涯学習が必要とされる社会である。現代を生きる我々は、大学や図書館、公民館、インターネットなどを活用しながら、常に学習し、自己実現をはかっていく必要がある。学校においてはぐくむべきは、このような生涯学習社会を生きる力である。

　乳幼児期は、人生最初の時期である。多くの人々にとって人生の大半を占める職業生活や学校後の社会生活から見ると、最も遠い時期にあると同時に、最も基礎的な時期にある。幼児教育ではぐくむべきは、職業生活や社会生活に有用でもすぐに役に立たなくなってしまうような知識や技術よりも、生涯学習の基礎となる学びの態度や能力の方が重要である。特定の知識や技術は、生涯学習の態度や能力につながっているからこそ意味がある。

　生涯学び続けることは、容易ではない。だからこそ、学校教育は、子どもたちが自然に、楽しく、自ら学んでいけるように導いていきたい。学びそのものに楽しさを感じることができれば、後々、自ら進んで学ぶことができるだろう。幼児教育がはぐくむべき「生きる力の基礎」には様々なものがあるが、学びを楽しむ心情・態度こそ、とくに重要なものではないだろうか。

　　［主要参考文献］
　　関口礼子・小池源吾・西岡正子・鈴木志元・堀薫夫『新しい時代の生涯学習』有斐閣
　　　アルマ、2002年。
　　堀薫夫・三輪建二『新訂生涯学習と自己実現』放送大学教育振興会、2006年。
　　小池源吾・手打明敏編『生涯学習社会の構図』福村出版、2009年。

第2章●教育を構成する要素

第1節：子どもとは何か？

　幼児教育は、保育者と子どもとの間における一種のコミュニケーションである。子どもをどのように捉えるかによって、教育のあり方は異なってくる。たとえば、「子ども＝いつくしむべきもの」という子ども観にもとづく教育と、「子ども＝厳しくしつけるべきもの」という子ども観にもとづく教育とは、そのあり方がまったく違うであろうことは容易に想像できる。とくに、保護者や一般人の中には、後者のように考えている人も多い。教育とは何か考える上でも、自分の子ども観を相対化して他者の子ども観を理解する準備とする上でも、「子どもとは何か」を問うことは重要である。

　「子ども＝教育対象」「子ども＝慈しみ保護されるべき存在」という子ども観は、今では当たり前にある。しかし、歴史を振り返ると、実は必ずしも当たり前ではない。本節では、これまで子どもはどのような存在として考えられてきたか、整理してみよう。

1．ヨーロッパの子ども観

（1）古代ヨーロッパの子ども観

　ヨーロッパにおいて、「子ども」はどのように認識されてきたのか。まず、『旧約聖書』（紀元前10世紀頃〜紀元後1世紀頃に成立）には、「人が心に思い図ることは、幼い時から悪い」と記されている。『旧約聖書』は、最初の人間アダムとイブの行為によって、人は生まれながらにして罪を背負っているという原罪説に

基づいている。それを受けて、人は生まれながらにして悪であるという性悪説に基づき、子どもとは「まだ善悪をわきまえない」存在であると位置づけられている。そのため、「むち」と「戒め」によって善悪を判断しなければならない、という論理が出てくる。

子ども＝原罪を背負う者（悪）という観念はその後も残ったようだが、『新約聖書』（１世紀～２世紀に成立）には異なる観念を見いだせる。そこには、幼い子どもは「神の国（天国）」に入ることのできる存在であるとして、子どもを人間の理想とする記述がある。古代ヨーロッパでは、体罰によって悪をこらしめ善に導くべき対象とする子ども観と、子どもを理想的人間とする子ども観とが混在していた。

（２）中世ヨーロッパの子ども観

歴史社会学者アリエス（Aries, P. 1914～1984）によると、中世ヨーロッパ（～13世紀）では、「子ども期」という人生の中で特別な時期があるという考え方はなかったという[1]。中世において、子どもは、ただ体が小さいだけの大人と基本的に区別されない存在「小さい大人」であった。一般的には、子どもは原罪を背負う悪なので、体罰によって矯正し、少しでも早く善良な人間にしなくてはならないという原罪的子ども観が残っていた。図はこの頃の子どもの遊びを描いた絵だが、この絵は中世的な子ども観の下に描かれている。この絵に描かれた子どもたちは、大きさが違うだけで大人とまったく同じ服を着て、大人が行う遊びと同じ遊びをしている。まさに「小さな大人」であった。

ブリューゲル作「子どもの遊戯」(1560年)

（３）近世ヨーロッパの子ども観

近世（13世紀～17世紀）に入ると、次第に子どもと大人との区別がつけられ始

36

める。17世紀に書かれたシャンパーニュの「アンリ・ルイ・アベール・ド・モンモールの子どもたち」という絵には、近世に描かれ始めた子どもらしい子どもたちが描かれている。この子どもたちは、全体的に丸みを帯び、目を大きく、かわいらしく描かれている。シャンパーニュの絵の子どもたちは兄弟姉妹であり、家族として描かれた。

また、1526年に書かれたホルバインの「マイヤー市長とその家族」という絵では、中央に聖母マリアが幼子イエスを抱いて、その周りにイタリア・バーゼルの市長を務めたマイヤーの家族が描かれている。聖母マリアと幼子イエスという絵は、中世以降人気のあったテーマであり、母性あふれるマリアとかわいらしい幼子の姿をしたイエスが書かれることが多かった。また、この頃の赤ん坊は、魂の寓意表現としてのキューピット（天使）と同じように、全裸で書かれることが多かった。幼い子どもは、何もまとわない「無垢」な存在として捉えられていた。近世ヨーロッパの絵には、この

フィリップ・ド・シャンパーニュ作
「アンリ・ルイ・アベール・ド・モンモールの子どもたち」（17世紀）

ホルバイン作「マイヤー市長とその家族」（1526年）

第2章●教育を構成する要素　37

ような子どもの絵が頻繁に描かれるようになった。これは、近世ヨーロッパにおいて、丸みとかわいらしさ、無垢の思想、そして母性とのセットにより、子どもを認識する考え方が一般的になってきたことを示している。

　ヨーロッパの子ども観は、古代以来の原罪的子ども観から、中世の「小さな大人」としての子ども観、そして近世に至ってかわいがりの対象・保護の対象としての子ども観へと変化した。子どもをかわいがり、保護しなければならないと考える子ども観は、有史以来、どこでも最初からあったわけではなく、歴史の中で形成されてきたものなのである。

　なお、この後、近代に入ると、教育対象としての子ども観が表れてくる。この子ども観は教育制度・教育学の基本観念として世界中に普及していくことになる（第3節であわせて検討する）。

2．日本の子ども観

（1）古代日本の子ども観

　次に日本における子ども観を見ていこう。古代日本における子ども観を見出せる史料に、『万葉集』巻五（759年刊）所収の山上憶良の歌がある。憶良は、「銀も　金も玉も　何せむに　勝れる宝　子に及かめやも」と歌った[2]。この歌は、銀・黄金・玉のような優れた宝でさえ、子どもに及ぶものはない、という意味である。また、別のところでは、「何時しかも　人と成り出でて　悪しけくも　よけくも見むと　大船の　思ひ憑むに……」と歌った。この歌は、憶良の息子・古日について、一人前になる姿を期待していた気持ちを歌ったものである。さらに別のところでは、「五月蠅なす　騒ぐ児どもを　打棄てては　死は知らず見つつあれば　心は燃えぬ」と歌った。これは、年老いた憶良が、うるさく騒ぐ子どもを見て、今死ぬわけにはいけないと気持ちを新たにしている歌である。これらの歌は、古代日本において、子どもを宝として扱い、生き甲斐にもする子ども観があったことを示している。

　平安時代の貴族たちの子ども観も見てみよう[3]。1085年頃に息子を比叡山に預けて養育していた藤原為房の妻と比叡山延暦寺の僧との間でやりとりした手紙が残っている。この一連の手紙には、離れて暮らす子どもを心配する父母の気持ち

がつづられていた。また、900年編纂の『菅家文草』に所収された菅原道真の歌は、「阿満亡にてよりこのかた夜も眠らず、偶　眠れば夢に遇ひて涕　漣漣たり」とある。子・阿満が死んで、夜も寝られないくらい悲しいという道真の歌である。12世紀編纂の『本朝続文粋』に所収された大江匡房の歌は、「累祖相伝之書、収拾するは誰人ぞ、愚父慇遺之命、扶持するは何輩ぞ」とある。当時、貴族の子どもたちは、一家相伝の書物（儀式先例等の書）を親から引き継ぐことを期待され、子どもの頃から大事に育てられていた。匡房の歌は、跡継ぎとして大事に育てていた子どもを亡くした悲しみの気持ちを歌っている。これらの事例からは、平安時代の貴族たちにおける、愛情の対象としての子ども観とともに、家の継承者としての子ども観を確認できる。

（2）中世・近世日本における子ども観

　中世日本には、これまでと異なる子ども観がみられる。世阿弥の『風姿花伝』（1400年）第一年来稽古条々には、7歳、12〜13歳、17〜18歳、24〜25歳、34〜35歳、44〜45歳、50歳以上、という年齢段階が示され、それぞれの年齢に応じた稽古法を示された。芸道修行において年齢ごとに違う子どもの特性が認識されていたことがわかる。

　このような年齢段階に応じた子ども観は、近世日本においても見られる。例えば、貝原益軒の『和俗童子訓』（1710年）では、6歳、7歳、8歳、10歳、15歳、20歳という年齢段階に従って、それぞれの時期に教えるべきことを整理している（随年教法）[4]。

　また、鎌倉時代末期に描かれた「石山寺縁起」には大工仕事を手伝う子どもの姿が描かれている。図に示した部分では、大人の大工を挟んで、木くずを拾って手伝う子どもが描かれているが、二人とも大口を開けて楽しそうに遊びながら手伝っているようにも見える。中世の子どもには、遊びと労働との間に明確な区分はなかった

大工仕事を手伝う（「石山寺縁起」鎌倉末）

のかもしれない。

　14世紀に描かれた「絵師草紙」には、絵師の子どもが腹ばいになって絵を手習っている姿が描かれている。また、江戸期に描かれた「一掃百態」には、寺子屋（手習塾）の様子が生き生きと描かれている。子どもたちは、柔和な表情をした師匠の周りに、思い思いに机を並べて座っている。絵の右側には、ケンカをしている子どもたちとそれをはやし立てる子どもたちが描かれている。明治以降の教師・子どもの対面による厳格な一斉授業とはまったく異なる、おおらかな学びの様子がこの絵には描かれている[5]。これら中世・近世日本の絵からは、おおらかに生き生きと働き、学ぶ子ども観を読み取れる。

絵を手習う
「絵師草紙」（14世紀 初）

寺子屋の図
〈出典〉渡辺崋山「一掃百態」（田原市博物館蔵）

（3）近代日本における子ども観

　日本は、明治に入って、西洋列強による植民地化を避けるため、西洋近代文明を早急に取り入れ、富強な国家を作り上げなければならなかった。その一環として、明治5（1872）年、政府は「学制」を頒布し、日本へ近代学校制度を導入し始めた。当時のヨーロッパでは、すべての子どもに教育を与えることが、国家の形成に役立つことにつながるという考え方、すなわち普通教育の思想が一般的になっていた（本章第3節参照）。明治以降の日本は、この普通教育思想を実現するため、子どもたちの教育を改革していった。

明治23（1890）年、第2次小学校令が公布され、初めて小学校教育の目的が明示された。そこでは、「小学校ハ、児童身体ノ発達ニ留意シテ、道徳教育及国民教育ノ基礎、並其生活ニ必須ナル普通ノ知識技能ヲ授クルヲ以テ本旨トス」とされた。ここで子どもは「児童」と称され、身体発達・道徳教育・国民教育の対象、普通の知識・技能を教授する対象として位置づけられた。また、第2次小学校令の説明（文部省訓令第5号）には次のように述べられている。普通教育は、人の生きる道を知らしめ、日本国民たる本分をわきまえさせ、社会・国家の福祉と品位とを増進させるための教育である。普通教育は、国家の精神・風俗・貧富・強弱などに根本的に関係している。すべての日本に生活する者に対して普通教育を受けさせることは、国家がなすべき責任であり、人々が尽くすべき義務である。以上のように、明治期において小学校に通う「児童」は、国家の将来を担う未来の国民として、普通教育を受けるべき存在として認識された。

　近代に入って、子どもは、学校に所属する「児童」や「生徒」として見られ、普通教育の対象者となった。日本では学校卒業を「社会に出る」と表現する。児童・生徒として学校へ入学し、社会からいったん隔離され、学習活動に限定された生活を行う特別な存在と見なす子ども観は、まさにこの頃に形成された。

3．現代の子ども観

　現代の子ども観は様々だが、現代日本の教育に携わる者が、必ず知っておくべき子ども観を確認しておこう。
　戦後日本において、昭和22（1947）年12月12日、児童福祉法が制定された。児童福祉法の第1条は、以下のように定めている。

>　　第1条　すべて国民は、児童が心身ともに健やかに生まれ、且つ、育成されるよう努めなければならない。
>　　2　すべて児童は、ひとしくその生活を保障され、愛護されなければならない。

　また、昭和26（1951）年5月5日、厚生省中央児童福祉審議会をうけた制定会議

において、児童憲章が宣言された。児童憲章は、日本国憲法の精神にしたがい、児童に対する正しい観念を確立し、すべての児童の幸福をはかるために制定された。そこには、「児童は人として尊ばれる」「児童は、社会の一員として重んぜられる」「児童は、よい環境のなかで育てられる」という3つの柱にしたがって全12の条文が定められている。

　最後に、1989年11月20日に国際連合総会で採択された「子どもの権利条約（児童の権利に関する条約）」を確認しておこう。この条約は、日本では、平成6（1994）年5月22日に国会で批准された。子どもの権利条約は、「児童の権利に関するジュネーヴ宣言」（1924年国際連盟総会採択）、「国際連合憲章」（1945年採択）、「世界人権宣言」（1948年国連総会採択）、「児童の権利に関する宣言」（1959年国連総会採択）、「人権に関する国際規約」（1966年国連総会採択）などをもとにして、あらゆる国における児童の生活を保護・援助・改善することを求めたものである。この条約における子どもは、保護・援助されるべき存在であり、人格を完全に調和的に発達させられるべき存在であり、家庭で幸福に愛情をうけて成長すべき存在である。そして、世界の自由・正義・平和のために、平和・尊厳・寛容・自由・平等・連帯の精神に基づいて、子どもたちは育てられなければならない、と述べられている。

　このように、児童福祉法・児童憲章・子どもの権利条約からは、子どもを様々な権利を有する存在としてとらえる子ども観を見いだせる。とくに、十分に発達する権利や愛護される権利などを有しているという子ども観は、教育者・保育者にとって重要である。教育・保育は、これらの子どもの権利を保障するための行為でもある。

［主要参考文献］
世阿弥（野上豊一郎・西尾実校訂）『風姿花伝』岩波文庫、1958年。
貝原益軒（石川謙校訂）『養生訓・和俗童子訓』岩波文庫、1961年。
中西進『万葉集全訳注原文付（一）』講談社文庫、1978年。
P・アリエス（杉山光信・杉山恵美子訳）『〈子供〉の誕生——アンシァン・レジーム期の子供と家族生活』みすず書房、1980年。
辻本雅史・沖田行司編『教育社会史』新体系日本史16、山川出版社、2002年。
江原武一・山崎高哉編『基礎教育学』放送大学教育振興会、2007年。

今井康雄編『教育思想史』有斐閣アルマ、有斐閣、2009年。

［注］
(1) その後の研究で、必ずしもそう単純には言えないことが分かってきているが、ここでは、中世の子ども観の基本的特徴を指摘するものとして言及する。
(2) 中西進『万葉集全訳注原文付（一）』講談社文庫、1978年。
(3) 鈴木理恵「大陸文化の受容から日本文化の形成へ」辻本・沖田編『教育社会史』新体系日本史16、山川出版社、2002年、59～63頁。
(4) なお、益軒の随年教法は、古代中国の『礼記』と『小学』に基づいたものであり、目新しいものではない（辻本雅史「近世日本の教育思想と〈近代〉」今井康雄編『教育思想史』有斐閣アルマ、有斐閣、2009年、209頁）。
(5) もちろん厳格な師匠がいなかったわけではない。鍬形蕙斎「近世職人尽絵巻」（19世紀）には、強面の師匠と罰を受けて怖がっている子どもが描かれている。ただし、そんな師匠の隣でもいたずらをする子どもも描かれており、生き生きと遊び・学ぶ子ども観を見いだせる。

第2節：教師とは何か？

　教育には教師が必要である。教育の担い手として、教師（教員）は何を期待されてきたのか。教師への期待を端的に表す言葉として、「先生」という呼び方がある。保育者も、子どもや保護者から教師的な役割を期待されて「先生」と呼ばれることが多い。そう考えると、教師論から保育者のあり方に関する発想を得ることもできるだろう。ここでは、日本における教師論のあゆみを追いながら、教師のあり方を考える基礎を見出したい。なお、保育者のあり方については、第4章・第5章、および「幼児教育の理論とその応用」第2巻において直接詳論する。

1．「教員」の誕生

　「教員」という職業は、明治期に創り出された新しい職業である。明治維新後の日本では、近代化を進めるため全国に数万の小学校が設置され、それに見合う数の教員が必要となった。1870年代、「教員」は、近代西欧の知識を能動的に提示する少数の外国人教師を示す「教師」の下位概念として使われることがあった

という。教師の「師」は元来軍事用語であり、儒教文化において倫理・道徳の指導者、高度なレベルの知識・技術を指導しうる人々への呼称であった。教員の「員」は元来「数」と同義であり、同類が数多く存在する職種の構成者を意味していた。「教員」という呼称は、近代西欧の知識を受動的に伝達・普及させる多数の日本人教授者を法制上指すものとして誕生したものであった。

　明治期の教員は、その大多数が小学校教員であった。小学校教員は、それまで寺子屋（手習塾）で読書算を子どもたちに教えていた手習師匠に代わり、近代西欧由来の知識を、小学校において、法令（教則）や教科書に決められた量と順序で、正確に伝達する役割を求められた。そのような役割を果たせる力量を持つ教員は、師範学校において専門的に養成された。また、学校内外で開催された講習会に参加し、自らの資質向上を図った。さらに、教員免許制度の整備により、教員の資質維持・向上と不適格者の排除が図られた。

　従来、手習師匠は、もともと村住みまたは流浪の知識人であり、村人から請われて子どもたちを教えたという。手習師匠という職は、村人または子どもたちとの直接の関係によって成立した。しかし、学校教員が存在するには、極端に言えば学校に所属するだけで可能であり、住民や子どもと直接関係する必要は必ずしもない。つまり、教員は学校との関係のみによって成立してしまうのである。

　とはいえ、現実には、教員たちは地域住民や子どもを無視して働くことはできなかった。明治前期において、小学校の費用は、子どもの保護者などから徴収した授業料でまかなっていた。また、学校費用を町村で集めて町村で協議して使う町村協議費によってまかなった時期もあった。明治10年代後半、不況のさなかにあった全国各地の町村は、次々に小学校費を減額して対応しようとし、高給取りの師範学校卒の正資格教員を雇わず、低額の給与ですむ非正規教員を雇おうとした。小学校教員たちは、いわば「生き残り」をかけた対応に迫られ、教員のあり方を考え直していくことになる。

2．聖職・天職的教師論の隆盛

　明治14（1881）年6月、基本的な教員の倫理を定めた小学校教員心得が制定された。その内容は多様であるが、たとえば第8項目には以下のようにある。

一　教員タル者ノ品行ヲ尚クシ、学識ヲ広メ、経験ヲ積ムベキハ、亦其職業ニ対シテ尽スベキノ務ト謂フベシ。蓋シ、品行ヲ尚クスルハ、其職業ノ品位ヲ貴クスル所以ニシテ、学識ヲ広メ、経験ヲ積ムハ、其職業ノ光沢ヲ増ス所以ナリ。

教員はただの物知りではなく、品行・学識・経験を兼ね備えた職業である。かつ師範学校等で学習した教育法を、常に自分で考究・取捨選択して活用していかなくてはならない。ここには従来のものとはひと味違う教員像が示されていた。

明治後期に入ると、教職を聖職・天職として捉える教師論が盛んになった。その代表的な論者に沢柳政太郎（1865〜1927）がいる。沢柳は、教師のあり方について、以下のように述べた[6]。

聖職的教師論者
沢柳政太郎
（1865〜1927）

　　教師の生涯には名誉富貴は望まれないが精神上の快楽は十分にうけることが出来る。育英の楽は教師の専にする所である。国家富強の源を培ひ社会文明の基を養ふものは教師である、その楽は無限である。
　　教師の仕事は即ち知育、徳育、体育である、もしその方法を誤ることなく施したならば教師は天の仕事を助けて居るものであるといってもよい、彼の心中に感ずる慰安は広大である。

すなわち、教育はただ個人が将来利益を得るためのものではなく、国家富強の源を培い、社会文明の基を養い、子どもたちの知徳体を育てるためのものである。教職（教師の職務）は、このような意味での教育である。教職に対する報酬は、金銭・物品ではなく、教育・育英の仕事そのものから生じる楽しみこそ最も貴い。このような教師論は、明治後期の教師論の典型であり、その後、日本の教師論の底流に流れ続けることになる。

明治10年代以降、教員を中心とする職能団体「教育会」が各地に結成され始め、様々な教育専門の雑誌も刊行された。また、学校・学級内部における教職の専門

性が、聖職・天職的教師観に基づいて主張され始めた。明治10年代から20年代にかけて、教職の専門性の芽生えともいえる事実が、多数見られるようになった。

3．教育労働者と教育公務員

どんな職業でも同じだが、ある程度の収入が保障されなくては、生活することはできない。明治以降、教員の給与は安く、教職の収入だけでは生活できない状況があった。沢柳もこの点にかなり配慮しており、教員俸給の増額運動を主導している。しかし、聖職的教師像は、物的報酬でなく精神的報酬を重視するため、教員の生活保障を実現する指標となるには限界があった。

大正期以降、教員の生活保障を目的とする教員組合が結成され始めたが、思想的圧迫を受けて本格的な活動を行うことはできなかった。本格化するのは昭和20（1945）年の敗戦後である。戦後、労働運動が公的に認められると、教員組合が活発に活動を始めた。昭和27（1952）年6月、日本教職員組合（日教組）は、「教師の倫理綱領」を発表し、以下の10か条にわたる教師の倫理（判断基準）を提示した。

1．教師は日本社会の課題にこたえて青少年とともに生きる
2．教師は教育の機会均等のためにたたかう
3．教師は平和を守る
4．教師は科学的真理に立って行動する
5．教師は教育の自由の侵害を許さない
6．教師は正しい政治をもとめる
7．教師は親たちとともに社会の頽廃とたたかい、新しい文化をつくる
8．教師は労働者である
9．教師は生活権を守る
10．教師は団結する

ここでは、教師が「労働者」として自らの生活権を守ることを正当化している。このような考えに基づく教師は、「教育労働者」と称された。教育労働者論は、

しばしば反政府的言動に結びついた。

　しかし、教員は学校（とくに国公立学校）に所属する限り公務員としての立場にある。自分の生活だけではなく、全国民へ奉仕しなくてはならない。昭和24（1949）年1月、教育公務員特例法が制定された。ここで、公立学校の教員は、教育によって国民全体に奉仕する職務と責任を持つ「教育公務員」として制度化された。なお、現行の特例法では、以下のような表現になっている。

　　　第1条　この法律は、教育を通じて国民全体に奉仕する教育公務員の職務
　　　　　とその責任の特殊性に基づき、教育公務員の任免、給与、分限、懲戒、
　　　　　服務及び研修等について規定する。

「教育公務員」は、現在でも、教育によって国民全体に奉仕する職務と責任を持つ存在として、公立学校教員を定義する概念として使われている。

4．教職の専門職性

　戦後1950年代頃まで、教員は教育労働者か教育公務員かという議論が続いたが、政治的イデオロギー対立の側面もあったため、決着する様子はなかった。そこに現れたのが「教職の専門職性」という概念である。
　1966年10月、ユネスコの特別政府間会議において、ユネスコとILO（国際労働機関）の共同で「教員の地位に関する勧告」が発表された。そこでは、教職について以下のように述べている。

　　　第6条　教育の仕事は専門職とみなされるべきである。この職業は厳しい、
　　　　　継続的な研究を経て獲得され、維持される専門的知識および特別な技術
　　　　　を教員に要求する公共的業務の一種である。また、責任をもたされた生
　　　　　徒の教育および福祉に対して、個人的および共同の責任感を要求するも
　　　　　のである。

　すなわち、教員は「専門職」であり、専門的知識・技術を必要とする公共的業

務に就く職業である。継続的研究に基づく専門性、および子どもに対する個人・共同の責任に基づいた公共性を要求される専門職として、教職は位置づけられた。この勧告を契機として、日本では、1960年代後半から80年代頃まで、教育労働者・教育公務員の両立場および教育学の立場から、それぞれ「教職の専門職性」が論じられた（詳しくは第2巻参照）。

なお、1970年代から80年代にかけて、不登校・いじめ・校内暴力などの様々な学校問題が表面化した。それを受けて、一般社会の文化とは異なる学校文化・教師文化の問い直しが始まる。これまでの観念的な教師論とは違って、具体的な教員の専門的な仕事を出発点として論じる教師論も盛んになった。1990年代以降には、「反省的実践家としての教師」論が提唱され、現在の有力な教師論となっている（第2巻参照）。また、明治以来、教員は学校で養成される存在として考えられてきたが、近年では現職研修も含めた「教師教育」「教師の力量形成」などの概念の普及を背景に、「教職生活全体を通した力量形成」を目指す教師論が構想されている。

［主要参考文献］
石戸谷哲夫『日本教員史研究』野間教育研究所、1958年。
石戸谷哲夫・門脇厚司編『日本教員社会史研究』亜紀書房、1981年。
寺﨑昌男「歴史がもとめ歴史に参加した教師たち」寺﨑昌男・前田一男編『歴史の中の教師Ⅰ』日本の教師22、ぎょうせい、1993年、1～10頁。
永井聖二「専門職論と教職員の職能」永岡順・熱海則夫編『教職員』新学校教育全集26、ぎょうせい、1995年、33～70頁。
宮坂朋幸「教職者の呼称の変化に表れた教職者像に関する研究──明治初期筑摩県伊那地方を事例として」日本教育史研究会編『日本教育史研究』第22号、2003年、71～97頁。
尾﨑公子『公教育制度における教員管理規範の創出──「品行」規範に着目して』学術出版会、2007年。
白石崇人「明治10年代後半の大日本教育会における教師像──不況期において小学校教員に求められた意識と態度」中国四国教育学会編『教育学研究紀要』（CD-ROM版）第54巻、2008年、270～275頁。など

［注］
(6) 沢柳政太郎『教師及校長論』同文館、1908年。

第3節：なぜ学校で教育するのか？——幼児教育の原点としての教育史

　現代日本では、幼稚園は学校の一種である。学校には、「すべての子どもを学校へ」という考え方を実現することが求められている。この考え方は、近代以降、欧米で確立し、明治以降日本にも導入されて独自に発展した。本節では、なぜ「すべての子どもを学校へ」という考え方が生まれたか、その考えが主に欧米でどのように変化してきたか、について、主に社会史的観点から検討する。

1．子どもと労働

　通常、人間は母親から生まれて、家族またはそれに代わる者に養われる。子どもは、まず家庭で生活する。家庭では、家族が生きていくために仕事をしなくてはならない。かつては、子どもも家庭内で働いていた。子どもが家庭に囲われる社会、または労働に従事しなければならない社会では、すべての子どもを学校へ行かせるわけにはいかない。「すべての子どもを学校へ」という思想は、子どもが家庭や労働から離れ、特定の文化内容を一定時間内に学習することが認められる社会において、初めて成立する。

　子どもが家庭や労働から離れることができるためには、子どもが働かなくてもよい社会が成立しなくてはならなかった。そのような「余裕のある」社会は、農耕文化の発達を背景に誕生した。農耕によって、子どもが働かなくても食べていけるだけの余剰生産が実現した。他方、農耕は文化遺産の増大・複雑化をも導いた。増大・複雑化する文化遺産を運営するため、専門家集団が生まれ、国家が成立した。そこに支配者と被支配者との関係が生まれ、常に働いていなくてもよい人々が生まれた。支配者は、被支配者と自らを区別するために、支配者に相応しい知識・ルールを身につけなくてはならない。School（学校）の語源は、Schole（閑暇）である。学校は、時間に余裕があり、教養を身につける必要のある一部の人々のためのものであった。

　近代学校の普及は、18世紀後半におこった産業革命との関係が深い。機械化・大量生産により、それまで以上に社会の生産力が増大した。そのため、多くの子

どもを働かせなくともよくなったのである。機械化は、労働と教育との関係を変化させた。従来の労働は、非言語的で身体化されたカンやコツによって行われていた。親方と弟子との関係において、弟子は親方を見習いながら働くことを実体験し、労働を学んでいた。しかし、機械による労働が主流になる中、機械操作の学習や機械の構造把握などを踏まえなければ働けなくなってきた。機械は、言語化された科学技術によって支えられ、労働を細切れに分解していく。労働は、直接的・非効率的な体験だけでなく理論的・効率的に学べるようになった。

　工業化は、家庭や地域の教育力を低下させた。従来、労働は全家族または地域総出で行われていた。しかし、工業化の進展により、労働の場所が家庭や地域から工場へと移行していく。工場が建設された都市には、地域共同体の影響から離れた人々が集まった。都市に住む家族は、少ない収入で家庭を維持するために核家族化していく。家計を助けるために女性も働き、工場・企業もまた安い労働力として女性を受け入れた。工業化・都市化により、家庭や地域は教育の担い手を失っていった。

2．すべての子どもを学校で教育すること

　産業革命以前、すでに16世紀には、すべての人々へ一定の教育を施す必要性が説かれていた。16世紀ヨーロッパでは宗教改革が行われ、「神の声」としての聖書をすべての人々へ直接伝えることが目指された。そのため、従来一部の人々だけが理解できたラテン語の聖書は、母国語で翻訳された。その結果、聖書を読むために母国語教育が必要となった。すべての人々に母国語教育を行うことは、神に対する義務として重要視されるようになる。また、17世紀にはいると、それまで諸侯・貴族・教会などがそれぞれ権力を握ってバラバラであった国政のあり方が、一人の王によって統一される絶対王政へと移行していく。国家維持・運営のためには、忠実な臣民が必要であった。この臣民育成のために、教育が必要とされた。
　また、17世紀前半には、プロテスタントの牧師であったコメニウス（Comenius, J. A. 1592〜1670）が、1628年から32年頃、『大教授学（Didactica magna）』を著した。『大教授学』という題名は略称であり、正式な題名は以下の通りである。

あらゆる人にあらゆる事柄を教授する・普遍的な技法を提示する大教授学。別名——男女両性の青少年がひとりも無視されることなく、学問を教えられ、徳行を磨かれ、敬神の心を養われ、かくして青年期までの年月の間に、現世と来世との生命に属するあらゆる事柄を僅かな労力で、愉快に、着実に教えることのできる学校を創設する・的確な・熟考された方法。

近代教育学の祖
J・A・コメニウス
(1592〜1670)

　コメニウスは、神に始まり神に終わるあらゆることがらを、すべての子どもたちに、学校において教授することを目指した。コメニウスの構想は、「すべての子どもを学校で教育する」という近代学校の出発点となっていく。

3. 義務教育の必要性

　以上のように、義務教育思想はキリスト教の影響下で成立した。その義務教育思想は、近代以降、各国それぞれの事情の中で展開していく。

　最初の大きな変化は、フランスで起きた。18世紀末のフランス革命では、個人が自由・平等に生きることができる国家・社会を成立させることが企てられた。自由・平等を徹底的に追究する中、宗教（キリスト教）からの自由までもが求められた。そして、教育もまた、宗教と分離することが求められた。中世以来のヨーロッパの教育は、教会と深くつながっており、我が子を自由に教育する親の教育権や信教の自由を重視した結果、教育の非宗教性が目指されたのである。フランス革命が目指した自由・平等な国家を実現するには、どうしても教育とキリスト教とを切り離す必要があった。この後、フランスでは教育の非宗教性をめぐり、何度も議論・改革を繰り返すことになる。なお、宗教的人間形成の代わりに目指されたのは、自由・平等を実現する国家の構成員として「国民」を形成することであった。自由・平等に生きる権利を行使するには、他人の自由・平等の権利を保障しなくてはならない。他人の権利を守るには、自分の権利をある程度コントロールするだけの知見と能力が必要である。教育はそのような国民を形成する手段として再定義された。

19世紀後半になると、ナショナリズム（国家主義）が高揚し、資本主義経済が発展し始めた。そのような中で、国家は、国際競争に打ち克つため富国強兵策を取り、従順で良質な国民（＝労働力）を大量に養成する必要にせまられるようになった。そのために、3R's（読書算、Reading, Writing, Arithmetic）や科学知識・技術、国家主義道徳を中心とした教育内容と、効率よく大勢の子どもを一度に教える技術としての一斉教授法による近代学校が、各国で次々と導入されていった。日本でも、明治5（1872）年の「学制」頒布により、富国強兵の一手段として近代学校が導入された。

　19世紀末から20世紀にかけては、さらに変化が訪れた。一人ひとりの人格・個性を最大限に伸張することを理念とした新教育運動が、世界各国でそれぞれ展開していく。この新教育運動の隆盛は、国際競争の激化により、より優秀な人材を求めて自発性・創造性の開発を重視する傾向を背景にした。アメリカでは、すべての子どもに普通教育と職業教育を行うために、6・3・3制と呼ばれる単線型学校体系（初等6年・前期中等3年・後期中等3年）を成立させた。日本でも、大正期半ばに新教育運動が盛んになったが、昭和戦前期における総力戦体制の構築過程において、一時下火になる。しかし、第二次世界大戦後、アメリカの影響を受け、教育基本法の制定や6・3・3制（小中高）の導入などが行われた。それを基盤として、新教育運動は再び盛り上がった。

　その後、日本の学校観は現在まで紆余曲折を経て複雑化している。先述までの言い方によれば、日本の学校は、国家経済を支える国民を形成するという学校観と、一人ひとりの人格・個性を最大限に伸張する学校観が混在しているといえる。

［主要参考文献］
中野光・平原春好『教育学』有斐閣Sシリーズ、有斐閣、1997年。
田島一・中野新之祐・福田須美子・狩野浩二『新版やさしい教育原理』有斐閣、2007年。

第4節：学力とは何か？——小学校以後を見据えた幼児教育のために

　現代日本の学校には、「生きる力」の一つとして「確かな学力」の形成が求め

られている。幼児教育は小学校以後の教育を見据えながら行われなければならないため、保育者にも学力形成についての確かな理解が求められる。学力形成への理解は、小学校以後を見据えると幼児期に何が必要かについて、考えるきっかけになるだろう。

　一般的に学力形成というと、知識・技能の詰め込みをイメージする人が多いだろう。当然、このような意味での学力形成は幼児期の発達にそぐわない。1990年代以降、学習指導要領において求められてきた新しい学力観は、実は、このような一般的理解とは異なる。

　では小学校以降で目指される「学力」とはどんなものだろうか。本節では、まず、小学校学習指導要領を用いながら、小学校で現在求められている学力について検討する。次に、現代の学力観の成立過程を概観して、どのように学力を形成するかについて検討する。

1．教育課程と学力の3要素

　教育課程（カリキュラム）とは、教育目標を達成するために必要な教育内容を体系化した教育活動の計画のことである。教育課程は、どのような知識・技能・態度等をどのように習得させるかを示し、形成すべき学力の中身と学力を形成する方法を記した、いわば教育の説明書である。

　一般的に、学力とは、具体的な知識・技能の蓄積であると理解されがちである。しかし、現在の学習指導要領は、そのような理解とは異なった学力観を持っている。現在の学習指導要領につながる学力観は、旧来の学力観が知識・技能習得に偏っていたことに対する批判にもとづいて提唱された。そして、平成元（1989）年の学習指導要領改訂の際に教育課程の編成原理として導入され、平成20（2008）年の改訂によって修正が加えられ、現在に至っている。学校教育法第30条には、以下のように述べられている。

> 第30条　小学校における教育は、前条に規定する目的を実現するために必要な程度において第21条各号に掲げる目標を達成するよう行われるものとする。

2　前項の場合においては、生涯にわたり学習する基盤が培われるよう、基礎的な知識及び技能を習得させるとともに、これらを活用して課題を解決するために必要な思考力、判断力、表現力その他の能力をはぐくみ、主体的に学習に取り組む態度を養うことに、特に意を用いなければならない。

　ここに、現在の教育課程によって形成すべき「学力」が端的に示されている。すなわち、基礎的な知識技能、問題解決に必要な諸能力、主体的な学習態度の３つの要素から成る「学力」である。これらによって構成される学力は、生涯にわたって学習するための基盤、すなわち「生きる力」そのものである。

　学力の３つの要素は、教科の教育課程の原理にもなっている。例えば、学習指導要領によると、小学校第６学年社会科の目標は次の通りである。

　１　目標
⑴国家・社会の発展に大きな働きをした先人の業績や優れた文化遺産について興味・関心と理解を深めるようにするとともに、我が国の歴史や伝統を大切にし、国を愛する心情を育てるようにする。
⑵日常生活における政治の働きと我が国の政治の考え方及び我が国と関係の深い国の生活や国際社会における我が国の役割を理解できるようにし、平和を願う日本人として世界の国々の人々と共に生きていくことが大切であることを自覚できるようにする。
⑶社会的事象を具体的に調査するとともに、地図や地球儀、年表などの各種の基礎的資料を効果的に活用し、社会的事象の意味をより広い視野から考える力、調べたことや考えたことを表現する力を育てるようにする。

　これについて「確かな学力」に当たる部分に注目すると、次のように考えられる。たとえば、１－⑴に「理解を深める」、１－⑵に「理解できる」と表現されており、基礎的な知識（この場合は先人の業績や文化遺産など）について「理解する／理解を深める」ことが求められている。また、１－⑴に「興味・関心……

を深める」と表現されており、主体的学習態度（この場合はさらなる学習を発生させる興味・関心など）について「深める」ことも求められている。小学校学習指導要領社会科では、基礎的知識の習得と学習態度の形成とが、関連しつつ求められているといえる。

さらに、１－(3)には「各種の基礎的資料を効果的に活用」「より広い視野から考える力」「調べたことや考えたことを表現する力を育てる」と表現されており、問題解決能力（この場合は資料活用力、成果発表力など）について「育てる」ことが求められている。このように、学習指導要領がはぐくもうとする学力とは、単なる知識技能の蓄積ではなく、基礎的な知識技能、問題解決能力、主体的学習態度の３つの要素から成るものである。

２．経験主義的学力観と系統主義的学力観との統合

基礎的知識技能・問題解決能力・主体的学習態度から成る学力の３つの要素は、それぞれどのように形成されるべきか。実は、どの要素を重視するかで、学習過程の有り様はまったく異なる。ある人は、基礎的な知識技能が習得される中で、はじめて思考力等の能力が発達すると考える。このような学習過程を想定する学力観は、系統主義的学力観と呼ばれている。他方、意欲・関心などを基盤とする主体的学習態度が身について、様々な学習を経験する中で、はじめて問題解決能力も基礎的知識技能も身につくと考える人もいる。このような学力観は、経験主義的学力観と呼ばれる。

系統主義的学力観にもとづくならば、教育課程は、初期段階に基礎的知識機能の習得を集中させ、後で応用的な学習に進めていく形をとる。経験主義的学力観にもとづくならば、教育課程は、先に意欲・関心を喚起するように体験的な学習を進めておいて、後で応用的な問題解決学習を行ったり、基礎的知識・技能の学習を進める。このように、学力観が違えば、教育の計画すなわち教育課程のあり方もまったく違ってくる。

戦後日本の教育課程の歴史は、一般的には、経験主義的学力観と系統主義的学力観とがせめぎ合う過程として捉えられている。昭和22（1947）年、小中学校の学習指導要領が初めて発表された。最初の学習指導要領は、「為すことによって

学ぶ」という経験主義的学力観にもとづいて構成された。学校での問題解決学習を通して、地域社会での子どもたちの経験をより豊かにすることが目指され、社会科の学習や自由研究が重視された。しかし、体系的な知識技能の習得を軽視しがちであったため、子どもたちの学力低下が問題視され、教育課程の改革が求められた。昭和33（1958）年の学習指導要領改訂では、学問の系統性を重視した教育課程が策定された。昭和43（1968）年の学習指導要領改訂ではこの傾向がさらに徹底された。このときは、授業時間数を増加し、教育内容の精選と現代化を行って、系統主義的学力観による教育課程の構成を徹底した。

　1970年代に至ると、学校教育になじめない子どもの問題が表面化する。受験戦争・校内暴力・いじめ・おちこぼれなどの教育問題が取り上げられ、過密な教育課程へ批判が集まった。それを受け、昭和52（1977）年の学習指導要領改訂では、授業時間数を減少し、学校裁量の時間を設け、ゆとりある学校教育の構築が目指された。高校では、必修科目の弾力化、選択科目の拡充などを実施した。さらに、平成元（1989）年の学習指導要領改訂では、知識技能の習得よりも問題解決能力をはぐくむことが重視された。小学校に生活科が設けられたのもこの時である。平成10（1998）年の改訂では、「総合的な学習の時間」を新設し、教育内容の3割削減を行って、自由度の高い応用的な学習を重視する教育課程を目指した。

　このように、再び経験主義的学力観によって学習指導要領が編纂されたが、2000年前後に事態が変化する。平成11（1999）年、岡部恒治・戸瀬信之・西村和雄『分数ができない大学生――21世紀の日本が危ない』（東洋経済新報社、1999年）が出版された。平成13（2001）年末から翌年にかけては、OECD（経済協力開発機構）の主催する学習到達度調査（PISA）における日本の子どもたちの成績が問題となり、いわゆる「PISAショック」が起こる。これらを受けて、国内に学力低下論争が再び巻き起こり、当時の教育課程を「ゆとり教育」として批判する論調が高まった。平成16（2004）年末には、2003年実施のPISAの結果が公表され、この傾向に拍車をかける。これらを受けて、平成20（2008）年に学習指導要領改訂が行われ、理数系の授業時間の増加や「総合的学習の時間」の時間数を大幅に減少させた。学校教育目標の「生きる力」は、従来、「問題解決能力」「豊かな人間性」「健康・体力」で構成されていたが、このうち「問題解決能力」について、基礎的知識技能の重要性を強調して「確かな学力」として把握し直した。

今、学校教育に求められている「確かな学力」は、基礎的知識技能を強調するからといって、単純に系統主義的学力観にもとづくとはいえないだろう。「確かな学力」は、単なる系統的な知識技能の蓄積ではなく、基礎的知識技能・問題解決能力・主体的学習態度から成る複合的な学力だからである。さらに、それは、「豊かな人間性」と「健康・体力」とともに「生きる力」の一部を構成している学力でもある。

　過去くり返してきたように、幼児教育の現場へ学力形成が強く求められることも、今後あるかもしれない。その際には、形成すべき学力を誤解してはならない。学力とは、単なる知識技能の蓄積ではない。幼児教育において形成すべき「学力」は、自ら興味・関心を深め、自ら環境にかかわって様々な経験をし、自分の感じたことを表現することなどであろう。このような「学力」は、従来から幼児教育ではぐくんできたものである。そう考えれば、子どもの学力形成過程において、幼児教育はなお一層重要性を増したともいえる。

　［主要参考文献］
　　江原武一・山崎高哉編『基礎教育学』放送大学教育振興会、2007年。

第5節：家族にとって学校とは何か？──教育要求を読み解く

　近年の学校では、「モンスターペアレント」が問題となっている。それは、幼稚園や保育所でも同様である。子どもの成長のためではない理不尽な要求は、当然避けられなければならない。しかし、我が子の教育がどうでもよいならば、学校や教師に詰め寄る必要もないともいえる。親のクレームは学校と家族との話し合いの機会である、と捉える研究者もある。

　実は、親が我が子の受ける学校教育について、学校に詰め寄るくらい関心を持つことは、歴史上「当たり前」のことではない。本節では、親や家族が我が子の受ける学校教育に関心をもつようになった過程を追う。広田照幸によると、明治末期から大正期にかけて、我が子の教育に強い関心を向け、最終的に自ら責任を持とうとする「教育する家族」が登場する。そこで、本節ではまず、「教育する

家族」が、なぜ、どのように現れたのか検討する。次に、「教育する家族」の教育方針を整理し、学校に何を求めているか検討する。以上によって、保護者の教育要求をふまえて自らの教育のあり方を考える基本的視点を提供したい。

1.「教育する家族」の登場以前

　「教育する家族」の未登場時代において、家族ではどのようにしつけを行っていたか。明治前期以前において、一般的な村では、子どもは、まずは「いえ」の子どもとしてしつけられた。「いえ」の子として、家業（労働の仕方）や近所付き合いなど、村で生きていくために必須な内容をしつけるのは、家の主（父親など）の役割であった。当時の最重要課題は家を存続することだったため、とくに家の跡継ぎとなる子ども（主に長男）に家業をしつけることは重要であった。

　労働の仕方は自然に体得するものと考えられていたので、労働のしつけは計画的・組織的ではなかった。子どもは実際に自分で仕事を手伝いながら、親のやり方を見習って仕事のカンやコツを身につけていった。しばしば厳しい叱責・体罰を受け、意図的なしつけを受けることもあった。親たちのしつけ方針は、村のなかで生活する上で笑われないように、というのが主なものであった。親の子育て方針は村の方針に一致するものであった。親たちは、「非凡」な子どもを育てるのではなく、むしろ「平凡」な子どもを育てることを目標とした。

　とはいえ、親が重視していたのは、子どもの世話より働くことであった。子どもには母親とのスキンシップが必要だという認識はなく、乳幼児は、専ら年上の子どもに子守りをさせて世話をさせた。親が子どもの世話を熱心に焼いていると、子どもの世話ばかりして働いていないとして、村のなかで白い眼で見られたという。親は、しばしば家の跡継ぎ以外の子どもを養子・奉公・身売りなどに出し、教育権・養育権ごと他人にゆずってしまうことも少なくなかった。明治前期以前の村においては、我が子への親の関心は薄く、あったとしても現在のものとはまったく異なるものであった。

　子どもは、「いえ」の子どもであると同時に、「村」の子どもとして、村の中の様々な共同体においてもしつけられた。明治前期以前の家は、祖父母や親戚、隣組といった隣保組織と密接に関わっていた。子どもは、親以外の多様な人々と関

わりながら育てられた。7歳になると、子供組などと呼ばれる同年代集団の一員となった。女なら12歳になると娘組、男なら15歳になると若衆などと呼ばれる同年代集団の一員となった。村の子どもたちは、これらの同年代集団のなかで、祭事など村の行事の中でそれぞれ役割を果たしながら、様々な習慣を身につけていた。

　なお、これらの共同体におけるしつけは、現在でいう「地域の教育力」などとは異質なものである。まず、第1に、それは「分をわきまえる」ことを前提とするものであり、年齢や家柄による差別を伴うものであった。第2に、親がいない子や私生児などはそれらの共同体に入ることができなかったため、そのような子どもたちは共同体のしつけの対象外であった。第3に、共同体のしつけによって身につけた習慣は、多くの場合その村でしか通用せず、村を出るとほとんど無力化されてしまった。第4に、共同体のしつけは子どもの無条件の服従を強いる上に、しつけの内容の中に含まれる道徳的に問題のあることや迷信などまでも無批判に伝えていた。

　では、明治前期以前の都市部では、家族は子どもをどのように育てたのか。都市の家族も、家業を継がせるために、労働のしつけを厳しく行った。貧しい家では子どもの世話より労働を優先した。子どもが家にいると仕事の邪魔になるため、親は子どもに金銭を与えて、しばらく家から追い出した。銭を手に入れた子どもは、駄菓子屋に集まり、思い思いの菓子やおもちゃを手に取って遊んだ。家から追い出された子どもは路地裏などにも集まり、集団になった。

　親子の仲違いや親の蒸発などによって、しばしば親子関係そのものがなくなることも少なくなかった。都市では、肉親のいない子どもが多かったという。このような都市の家族には、現在のような、我が子の教育に責任を持つような余裕はなかった。

　以上のような庶民の子育て態度は、明治期に小学校ができてからもすぐには変わらなかった。「すべての子どもを教育し、国民にする」という普通教育思想を背景とした近代学校は、明治期以降に導入された。近代学校導入直後の明治6（1873）年には、小学校就学率は28.13%（男子39.90%・女子15.14%）であった。多くの家族にとっての最大の関心事は国民形成ではなく、我が家の存続であった。家でのしつけは、学校教育とは無関係なものとして、依然行われ続けた。しかも、

子どもは貴重な労働力であり、子どもを学校へ行かせる余裕のある家族は少なかった。たとえ学校へ行かせたとしても、従来、親が仕事に専念するために、子守や村の共同体や駄菓子屋などに期待していた子どもの世話を、今度は学校に期待するようになっただけともいえる。そのような家族が学校に期待したのは、いわば「託児所」的な役割であり、教育ではなかった。

2.「教育する家族」の登場

　日清日露戦争は、民衆のナショナリズムを高揚させた。この頃には、学歴による立身出世の夢を民衆へ見せるような諸制度が整備され、次第に子どもが学校へ行くことは普通のことになっていった。明治33（1900）年には始めて男子の小学校就学率が90％を超え、明治37（1904）年には女子の就学率も90％を超えている。それに並行して、1910年代ころに台頭してきた都市新中間層と呼ばれる人々の間に、「我が子の教育に親が責任を持たなければ」という意識が強く形成されていく。
　都市新中間層の家族は、都市に住む新興の専門職や官吏・サラリーマンの家族であり、両親とその子とで構成される核家族が主流であった。彼らは学歴によってその地位を得た人々であり、我が子に継承すべき家業を持たなかった。彼らが家族を維持・存続するには、学歴を与えるために我が子を学校へ行かせなくてはならなかった。彼らの子育ての目標は、かつての村における目標とは正反対であった。彼らが求めたのは、子どもが「平凡」な人間ではなく「非凡」な人間となることであった。しかも、それを親の責任として強く感じていた。新中間層の家族の最大の関心事は、家業を継承することではなく、子どもを産み育てることであった。
　1890年代頃から、家庭教育の重要性が主張され始めていた。1900年代以降には、学校教育をより効果的に実現するためには家庭教育が重要であることが盛んに主張された。その主張は、とくに専業主婦化を進めていた新中間層の母親へ向けられた。そこでは、母親は子どもの健康を守る医者としての役割や、家庭教師としての役割が期待された。子どもの立身出世のために、親の読み物として編集された受験ガイドブックも、多く出版された。家庭教育論の隆盛のなかで、都市新中間層の家族は、子どもの教育に強い関心を向けていった。幼児期の教育にも強い

関心を向けた。新中間層の要求に応じて、私立幼稚園が都市で増加し始めるのはこの頃である。

　都市新中間層の家族には、祖父母や親戚とは別々に暮らす核家族が多かった。たとえ同居していたとしても、父親は一家の収入を支える者として、母親は家事を担う者として、子どもの教育方針へ大きな発言権を有していた。また、工業化が進む1900年代以降の都市には、地方から移動して新しく住民となった者が多かったため、地域の共同体は未発達であった。新中間層の家族には、地域は子どもに迷信やよからぬことを学ばせるものとして避ける傾向もあった。なお、新中間層には使用人を雇うほどの余裕はなかったため、子どもへのかかわりは親からのものが主であった。

　1910年代頃には、我が子の教育に強い関心を持つ都市新中間層の家族が増加し、「教育する家族」が本格的に登場した。「教育する家族」は、1960年代以降、高度経済成長による農業の衰退、学歴の高度化などをうけて、さらに増加していった。

3．「教育する家族」の教育要求

　「教育する家族」は、我が子の教育に強く関心を向け、自らが理想とする教育を学校に求める。かれらの教育要求は、一様ではない。「教育する家族」の教育要求を端的に分類すると、次の3つの類型が見出される。すなわち第1に「童心主義」、第2に「厳格主義」、第3に「学歴・資格主義」である。これらの類型は、次の2つの視点を基準としている。第1の視点は、子どもらしさをどう評価するかという視点である。第2の視点は、知識習得と人格形成とのいずれを優先するかという視点である。

　「童心主義」は、子どもらしさを重視し、知識習得よりも人格形成を尊重する考え方である。子どもへの関心が強まったからこそ、現れた考え方ともいえる。童心主義は大正期以降に盛んになった。大正7（1918）年に鈴木三重吉が中心となって創刊した児童雑誌『赤い鳥』などは、童心主義に支えられた社会の動きとして、有名なものである。童心主義は、学校に対して、子どもの内発的なエネルギーや発想を最大限に伸張させることを求める。

　「厳格主義」は、子どもらしさを否定し、人格形成を尊重する考え方である。

子どもが好きなように活動することは、つつしむべきことと考える。この考え方からすると、子どもらしさ・子どもっぽさは、早急に取り除かれるべき性質となる。厳格主義は、学校に対し、しつけや道徳教育などによって、子どもっぽさを除去し、道徳的な態度を身につけさせることを求める。

　「学歴・資格主義」は、子どもらしさを否定し、知識技能の習得を尊重する考え方である。子どもは無知であり、社会生活や文化的な生活をする上で必要な知識を、早急に身につけさせなければならないと考える。そうして身につけた知識技術を端的に表すものが、学歴や資格である。学歴・資格主義は、学歴・資格社会における立身出世を願う考え方でもある。子どもっぽさは早急に取り除かれるべきと考えるのは厳格主義と同様であるが、取り除いた後に求めるものとして知識・技能習得を重視するのが特徴である。学歴主義は、学校に対し、効率的・効果的に知識・技能を習得させることを求める。

　「教育する家族」の教育要求は、大きく分けて、以上の３つに分類することができる。実際には、これらの要求は、必ずしも一つの家族の中に一つだけ存在するとは限らず、混在することがほとんどである。学校や教師は、自らの受け持つ子どもたちの背景にある家族の教育要求を、見極めていかなければならない。親のクレームは、親の教育要求を聴き取る機会でもある。家族は、何を学校や教師に求めているのか。それは学校や教師の教育方針と、どのように違っているのか、どの程度重なるのか。これらを見極め、修正すべき点を修正し、守るべき点を守るために話し合い、ともに子どもを育てる体制を整えていくことこそ、地域・保護者の実態に応じた学校づくりに必要なのではないか。

　　［主要参考文献］
　　広田照幸『日本人のしつけは衰退したか──「教育する家族」のゆくえ』講談社現代
　　　新書、講談社、1999年。
　　小山静子『子どもたちの近代──学校教育と家庭教育』歴史文化ライブラリー143、
　　　吉川弘文館、2002年。
　　小野田正利『悲鳴をあげる学校──親の"イチャモン"から"結びあい"へ』旬報社、
　　　2006年。

第3章 幼児教育の制度

第1節：幼稚園はどのように日本に定着したか？

　幼稚園と保育所とによる幼児教育の二元体制は、戦前から問題視され、幼保一元化が唱えられてきた。近年では、「幼保一体化」として進められている。平成18（2006）年、幼稚園と保育所との両施設の機能を併せ持つ制度として、認定こども園制度が実施された。ただ、幼稚園と保育所とは、今もなお多数存在し続けている。幼稚園は文部科学省、保育所は厚生労働省によって別々に管轄されており、幼児教育の二元体制は依然維持されたままである。

　このため、現代日本の幼児教育は、幼稚園と保育所との両施設におけるものを、ひとまず区別しなくては理解できない。幼保一体化をこのまま進めるにしろ、幼保二元体制を維持・発展させるにしろ、幼稚園と保育所との違いを理解した上で進めなくては、適切な施策・実践は期待できないだろう。

　そもそも幼稚園と保育所（戦前は一般的に託児所と呼ばれた）とはどのように成立し、定着したのか。この問いに答えるには、まずは戦前日本における幼稚園の歴史を振り返る必要がある。

1．東京女子師範学校附属幼稚園の創設

　明治9（1876）年11月16日、東京女子師範学校附属幼稚園が開園式を挙行した。開園時の園児数は75名であった。幼児を養育する施設はこれ以前にも存在したが、その後設置されるようになったフレーベル式の幼稚園の最初のものという意味で、同幼稚園は日本初の幼稚園として位置づけられている。同幼稚園の創設にあたっ

創立当初の東京女子師範学校附属幼稚園（1876年頃）

ては、開園当初の女子師範学校摂理（校長）の中村正直（1832〜1891）が大きな役割を果たした。中村は、福沢諭吉と並ぶ明治期の啓蒙思想家であり、国民形成における母親の役割を重視して、女子教育に強い関心をもっていた。その観点から幼児教育にも関心をもち、女子師範学校の附属幼稚園創設を当時の政府に働きかけ、実現させた。

　中村は、附属幼稚園創設時、どのように幼稚園を認識していたのか。明治9年11月、附属幼稚園創設直後に中村は次のように新聞紙上で述べ、幼稚園の意義について国民に啓蒙しようとした。すなわち、6・7歳頃までは母親が育てるのがよいとされるが、必ずしもすべての母親が善い教師であるとは限らない。とくに子どもの才能を開発する機会を得るには、子どもをひとところに集める必要がある。子どもが集団をなす場合、子どもは相互に作用し、力を出して敏速・快活でいることに慣れるだろう。これは、後々、彼らが人間社会に入っていく準備段階となる。このような子ども集団を形成する場こそが幼稚園であり、それは萌芽的な社会の様子を示している。このように、中村は、子どもの能力開発と社会性の萌芽を導く集団保育の場として幼稚園を認識していた。

　中村は、このような幼稚園を機能させるために、フレーベル主義保育を理解し、実践しうる人材を集めた。監事（園長）に関信三（1843〜1879）を抜擢し、ドイツ人・松野クララ（K. Ziedermann、1853〜1941）を首席保姆として、保姆に豊田芙雄（1845〜1941）・近藤浜（1841〜?）、他に助手2名をつけて、附属幼稚園の業務を開始した。関は、フレーベル主義幼稚園の啓蒙と普及のためにアメリカで執筆されたドウアイの『幼稚園

幼稚園創設の功労者
中村正直
（1832〜1891）

「恩物」の訳者
関 信三
（1843〜1879）

64

を全訳し、かつ『幼稚園記』を著した人物であった。首席保姆の松野クララは、ドイツの保姆学校を卒業し、本場のフレーベル主義保育を学んだ人物であった。豊田は、漢学・洋学に通じた高い学問的素養を持った女性であり、当時、東京女子師範学校に務めていた教職員であった。

フレーベル主義保育の伝達者
松野クララ
（1853～1941）

最初の日本人保育者の一人
豊田芙雄
（1845～1941）

　これらの人物によって開始された東京女子師範学校附属幼稚園の保育は、以後、大きく２つの特徴を形成していく。第１に、フレーベルの開発した恩物を中心として保育が行われた。それも、恩物を重視するあまり、恩物による保育を形式的に行う恩物主義保育に陥っていった。第２に、上層階級の子どもたちに対する保育が行われた。当時、小学校ですら就学率は３割程度であった。当然、幼児教育の重要性を理解し、かつ幼児を幼稚園に就園させる余裕のある家庭は限られていた。必然的に、東京女子師範学校附属幼稚園の保育は、ほんの一部の子どもたちを対象としたものにならざるを得なかった。

2．「簡易幼稚園」の普及

　もともと明治日本において教育が重視されたのは、国際社会で生き残るために国民を養成する必要があったからである。それは、幼稚園にも期待された。文部省官僚たちは、上層階級のための施設と化していた幼稚園の実状を批判して、すべての国民子弟に対する保育を実現させるため、とくに下層階級のための簡易幼稚園を普及させようと努めた。

　明治15（1882）年、文部省は全国の府県学務課長や府県立学校長を召集して、幼稚園について次のように指示した。すなわち、幼稚園は都会でなければ設立できず、富豪の子どもでなければ入園できないように思われているが、幼稚園はそのようなものではない。幼稚園は、都会でも村でも設置してよいし、父母が養育にかける時間のない貧しい家庭や肉体労働の家庭の子どもをも入園させてよい。そうすれば、生きるために働かざるを得ない父母は、子育てのわずらわしさを免

れ、家業に専念できる。

　以上のように、文部省は、保育に欠ける子どもを入園させ、働く父母を支援する施設として、簡易な幼稚園を設置しようとしていた。ここには、東京女子師範学校附属幼稚園とは全く異なる幼稚園認識が見出される。親の労働支援のために保育に欠ける子どもを保育するという発想は、江戸後期にはすでに現れており[1]、その意味では、伝統的な保育構想のリバイバルという側面もあるかもしれない。

　明治17（1884）年、文部省は、心身発達を阻害することを理由に、学齢未満の幼児を小学校へ入学させることを禁止した。この禁止令は、早期教育を願う人々の目を幼稚園に向けさせることになり、文部省の意図とは異なる「簡易幼稚園」の設立を促していく。明治18（1885）年の公立幼稚園数は21園であったが、明治28（1895）年には161園に達した。この頃に増加した幼稚園について、当時の教育雑誌には、以下のように述べられている[2]。

　　此頃東京府下にて、多くの幼稚園を設くるものあれども、其内幼稚園の真の趣意を知るものとては少なく、学校の如く、むやみに幼童に唱歌を教へ、物事を教へ、教へて覚へずんば、不可とするもの多しと云ふ。幼稚園はまことに幼稚園にして、小児を心よく遊ばしめ、遊びの中に其品質を鍛ふ所にして、学校とは全く性質を異にするものなるに、何も分らざる人が、かゝる事を企つるはまことに危険の事と云ふべし。幼稚園に子女を托する人々は、よくよく幼稚園の師母の人となりに注意すべし。

　これによると、明治20年代に増設された幼稚園の中には、唱歌や知識を記憶させることに終始していた園があった。暗記主義的な教育が低年齢化し、幼稚園で行われていたのである。

　これらの幼稚園に入園した子どもたちは、文部省の想定していた下層階級の子どもではなかった。それは、当時徐々に増えていた、学歴によって地位上昇を図ろうとする都市中間層の子どもたちであった（第2章第5節参照）。明治30年代以降には、学歴主義がさらに盛んになっていく。それに並行しながら、都市部では私立幼稚園が増加し、明治42（1909）年には、私立園234園に達して公立園208園の数を追い抜いた。公立園に比べて、私立園は保護者の要求に直接さらされる。

明治後期以降、幼稚園は、学歴主義の親たちの要求を背景に、普及していったと思われる。

文部省は、このような本来の趣旨とズレた幼稚園増設を傍観していたわけではない。明治25（1892）年9月、「貧民ノ幼児ニ適切ナル保育法」のモデル開発を行うため、女子高等師範学校附属幼稚園（東京女子師範学校附属幼稚園の後身）に分室を設置した。同分室では、保育時間を長く設定し、保育料を徴収せず、異年齢児を同一学級に編制して、経費節約の保育が研究・実践された。また、都市部中心の幼稚園増設傾向を見据えて、明治32（1899）年6月に幼稚園保育及設備規程を制定し、幼稚園保育・設立の基準を定めた。

3．恩物主義批判の発生

学歴主義を背景とした幼稚園増設は、幼児教育に対する関心の高まりを示している。明治30年代以降には、実験心理学による児童研究や、教育のための玩具研究、自然物活用の保育、言文一致唱歌・おとぎ話の活用などの新しい保育が研究された。これらの実践やフレーベル研究の進展により、形式的な恩物主義保育へ批判が集まっていく。

恩物主義保育の総本山であった女子高等師範学校（東京女子師範学校の後身）でも、恩物主義批判とその実践が展開された。女子高等師範学校附属幼稚園主事（園長）の中村五六（1861～1946）は、明治26（1893）年に出版した『幼稚園摘葉』において、幼児の心にそぐわず、実際の効果のない恩物は改変するよう提案している。彼が関わった同附属幼稚園分室では、設置当初から、本園で遊戯時間3時間半中の1時間以上を占めていた恩物関係課目を、遊戯時間4時間半中の30分に縮減していた。分室の園児は、本園の園児よりも、様々な形の積木を作り上げ、遊びに拡がりが見られたという。

明治33（1900）年、女子高等師範学校助教授兼幼稚園批評掛に着任した東基吉（1872～1958）は、積極的に恩物主義批判を展開した。東は、恩物の最大の意義は、使用法を教え込む教具ではなく、自由にその心のおもむくままに遊ばせる玩具としての意義にあるとした。外から一方的に教え込もうとする保育（恩物主義保育や就学準備保育）を有害と断じ、子どもの自発的活動を重視した。子どもを大人

の考え方で制限せず、子ども自身に工夫や創造を働かせる自由を与え、発達を促進させようとした。

東京女子高等師範学校は、この後も幼児教育理論の発展の舞台となった。明治38（1905）年には、和田実（1876〜1954）が同校教員に着任した。和田は、フレーベル会の機関誌『婦人と子ども』（後の『幼児の教育』）において、遊びを通した子どもの発達に関する研究を発表しつつ、同園での保育実習を指導した。明治43（1910）年には倉橋惣三（1882〜1955）が同校教員に着任し、和田の後を受けて、幼児教育理論の研究・実践を進めた。倉橋は、自由遊びの重視、保育案に基づく誘導保育、環境を通した保育など、現代の幼児教育の基礎となる理論を確立し、大正・昭和期を通して幼児教育を牽引した。

恩物主義保育は、中村五六の恩物改良と女子高等師範学校附属幼稚園分室の保育実践とを土台として、東の幼児教育理論によって批判された。恩物主義批判の先には、遊びにおける子どもの自己活動へ注目する保育理論があった。もちろんこの理論の根本には、フレーベルの教育思想があった。こうして、子ども中心の幼児教育理論は、明治後期の実践と中村・東・和田による理論化を経て、大正昭和戦前期に倉橋によって集大成・発展された。子ども中心の幼児教育理論は、主に童心主義の親たちの要求に支えられ、幼稚園保育の基礎理論となっていく。

［主要参考文献］
文部省『幼稚園教育百年史』ひかりのくに、1979年。
唐澤富太郎編『図説教育人物事典――日本教育史のなかの教育者群像』中巻、ぎょうせい、1984年。
二葉保育園編『二葉保育園八十五年史』二葉保育園、1985年。
池田敬正『日本における社会福祉のあゆみ』法律文化社、1994年。
水野浩志・久保いと・民秋言編『保育者と保育者養成』戦後保育50年史第3巻、栄光教育文化研究所、1997年。
池田祥子・友松諦道編『保育制度改革構想』戦後保育50年史第4巻、栄光教育文化研究所、1997年。
森上史朗・岸井慶子編『保育者論の探求』新・保育講座②、ミネルヴァ書房、2001年。
佐伯胖『幼児教育へのいざない――円熟した保育者になるために』UP選書、東京大学出版会、2001年。
湯川嘉津美『日本幼稚園成立史の研究』風間書房、2001年。

田中亨胤・尾島重明・佐藤和順編『保育者の職能論』MINERVA保育実践学講座2、ミネルヴァ書房、2006年。
是澤博昭『教育玩具の近代——教育対象としての子どもの誕生』世織書房、2009年。
柏原栄子・渡辺のゆり編『新現代保育原理』建帛社、2009年。
榎田二三子・大沼良子・増田時枝編『シードブック保育者論』建帛社、2009年。
小山みずえ『近代日本幼稚園教育実践史の研究』学術出版会、2012年。　など

［注］
（1）たとえば、大原左金吾の「養育の館」（1797年）や佐藤信淵の慈育館構想（1833年）など。
（2）『家庭雑誌』第1巻第7号、家庭雑誌社、1893年3月。

第2節：なぜ幼稚園・保育所があるのか？——教育と福祉の系譜

　なぜ日本には、幼児期の子どもを対象とする施設として、保育所と幼稚園とがあるのか。この問いに答えるために、本節ではまず、戦前日本における保育所（託児所）の成立過程を整理する。次に、戦後日本において、保育所と幼稚園とがどのように政策上構想され、制度化されたか、両制度の接点に注目しながら検討する。

1．保育所の系譜（1890年～1945年）

（1）慈善事業としての児童保護

　保育に欠ける子どもの養育は、古来より存在したが、それは為政者の慈悲によるものであった。保育所保育は、常設の社会福祉施設における公共の福祉を目指す保育であり、古代のそれとは異なる。

　保育所の直接の源流は、1890年代頃の慈善のための児童保護事業に見られるという。全国的に有名な事例としては、明治23（1890）年に、赤沢鍾美と妻ナカ（1871～1941）の開設した、家塾・新潟静修学校の児童が子守のため連れてくる乳幼児のための託児所が挙げられる。この託児所は、最初の常設保育所として取り上げられることが多い（後の守孤扶独幼稚児保護会、現在の赤沢保育園）。ま

新潟静修学校創設者
赤沢鐘美
(1867～1937)

下味野託児所創設者
筧　雄平
(1842～1916)

滝乃川学園創設者
石井亮一
(1867～1937)

岡山孤児院創設者
石井十次
(1865～1914)

た、同年、鳥取県下味野でも、農繁期の母親の負担を減らすために、土地の豪農の筧雄平が下味野託児所を開設した。

また、明治24（1891）年の濃尾大地震は多くの孤児を生み出し、児童保護事業を始める一つの契機となった。同年、石井亮一は、20名余の女子孤児を引き取って、聖三一孤女学院（後の滝乃川学園）を開設した。学生時代から孤児救済に尽力していた石井十次も、明治25（1892）年に93人の震災孤児を引き取って岡山孤児院を開設した。

上層階級を相手にしていた幼稚園保姆の中からも、児童保護事業に打ち込む者が現れた。明治33（1900）年1月、野口幽香と森島峰（美根）とにより、貧民子女救済のための慈善幼稚園として私立二葉幼稚園が創設された。森島はアメリカの貧民幼稚園で学び、野口は東京女子師範学校卒業した後、両名とも華族女学校幼稚園の保姆を務めていた。彼女らは、毎日幼稚園で貴族の子どもたちを相手に保育に従事する一方、通勤途中にいつも見かける貧しい家庭の子どもたちに目を向けた。貧民の子どもたちをも、幼稚園の子どもたちと同じように保育したいと考え、6名の子どもを集めて開園した。保姆等の尽力によって徐々に園児数が増え、明治39（1906）年には、四谷鮫河橋（明治三大スラムの一つ）に移転した。鮫河橋では、200名以上の子どもを入園させ

二葉幼稚園創設者
野口幽香
(1866～1950)

二葉幼稚園創設者
森島　峰
(1868～1936)

るとともに、親に働きかけて地域生活の向上を図った。同園は、保育時間5時間以内という文部省の規定を超えて保育を行い、朝7時に開門、親の迎えが来る夕方まで子どもを預かっていたという。また、幼稚園は満3歳に満たない子どもを保育しないことになっていたが、スラムの親たちの需要はそれに止まらず、同園は3歳以下の乳幼児も保育していた。そのような保育実践は、幼稚園という制度におさまらなかった。そこで、大正5（1916）年、幼稚園の名称を変更して二葉保育園に改称した。

創立期二葉幼稚園の園児たち（1900年頃）

このように、1890年代以降には、人道・博愛精神に基づく慈善事業が各地で展開するようになり、従来の幼稚園の枠におさまらない保育事業が行われるようになった。

（2）働く親のための託児所

明治37（1904）年開戦の日露戦争は、働く母親のための託児所が注目される一つの契機となった。日露戦争では、多くの男性が兵役に就き、傷痍を受け、または戦死・病死した。夫や息子を戦場に送った女性たちは、生きるために働く必要に迫られ、働くために小さな子どもを預かってくれる保育施設を必要とした。日露戦争中は、そのような保育施設が各地に設けられた。また、対貧困政策の観点からも、保育事業が注目されるようになった。

明治末期から大正期にかけては、慈善事業が社会的に再編成され、貧困の中に社会的要因を見出して対応しようとする社会事業が展開されるようになった。このころから、孤児・棄児・貧児の養育・保護や、死産・乳幼児死亡率の低下を目指した母性・乳児保護などの観点から、さらに保育施設の重要性が高まっていく。大正4（1915）年の常設託児所数は39ヶ所であったが、大正15（1926）年には312ヶ所に増加した。

大正期には、託児所の増加を背景として、幼稚園と託児所との共通性を論じる

人々が現れた。ここに、幼保一元化論の萌芽が見られる。大正15年4月、幼稚園の社会的・制度的確立を目指した幼稚園令が制定された。幼稚園令の制定には、保護者の社会的・経済的状況にこだわらない幼児教育施設へ幼稚園を位置づけ直そうとする意図が背景にあった。しかし、上中層階級の子どもを対象とした早期教育施設と見なす、人々の幼稚園観は根強かった。社会事業関係者も、託児所を幼稚園とは異なる存在として位置づけようとした。幼稚園に対して託児所的役割を付与する試みはうまくいかなかった。

(3) 総力戦体制下における託児所の急増

昭和期には、託児所保育は、重要な社会事業として次第に位置づけられた。1930年代、世界恐慌の影響を受けて農村が窮乏し、小作争議が激化した。この中で、農村にも社会事業が拡がり、隣保事業の一環として託児所が急激に普及した。臨時施設である農繁期託児所の数は、昭和8 (1933) 年に5,745ヶ所に達した。

世界恐慌による経済不況は、民間の社会事業団体を経営難に陥らせ、社会事業の国庫助成の必要性を生じさせた。昭和13 (1938) 年3月には社会事業法が公布さ

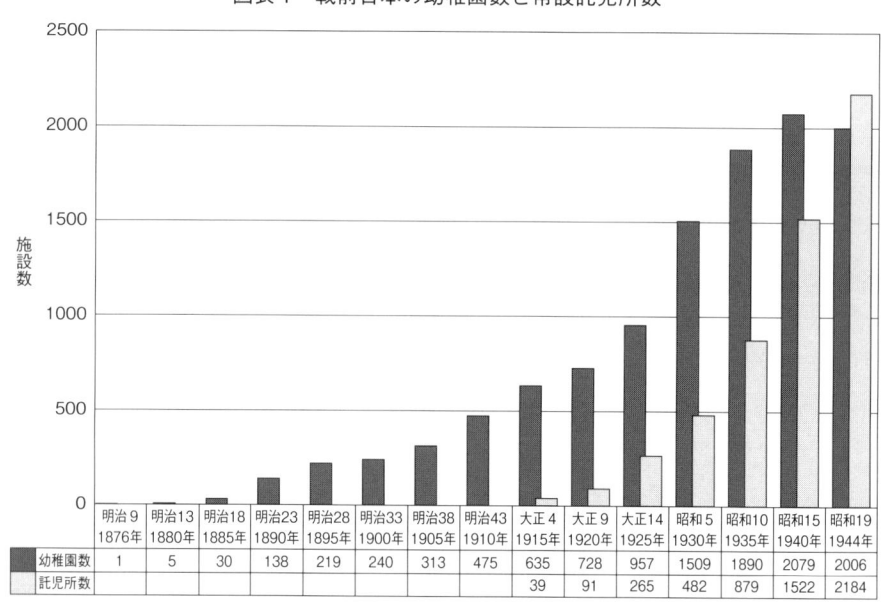

図表1　戦前日本の幼稚園数と常設託児所数

	明治9 1876年	明治13 1880年	明治18 1885年	明治23 1890年	明治28 1895年	明治33 1900年	明治38 1905年	明治43 1910年	大正4 1915年	大正9 1920年	大正14 1925年	昭和5 1930年	昭和10 1935年	昭和15 1940年	昭和19 1944年
幼稚園数	1	5	30	138	219	240	313	475	635	728	957	1509	1890	2079	2006
託児所数									39	91	265	482	879	1522	2184

れ、託児所が社会事業施設として制度上に位置づけられた。これは、日中戦争の勃発を受け、物的・人的資源を最大限に総力戦へと動員するため、社会事業を国家政策に取り込もうとしたものであった。同年1月に発足した厚生省は、人的資源の「培養育成」や国民皆労働による増産のために、児童政策を推し進めていく。国家・社会からの需要を受けて常設託児所は急増し、昭和10（1935）年の879ヶ所から昭和15（1940）年には1,522ヶ所に増加した。

　太平洋戦争の勃発は、保育を困難にした。昭和16（1941）年12月、文部省は、幼稚園に対して空襲時における授業中止を指示した。戦中、6大都市においては、幼稚園の約81％が休園した。他方、東京都は、空襲時の保育休止を通達したが、出征軍人または遺族の就労女性の子どもを対象とした戦時託児所の設置を許した。戦中期には、幼稚園の約12％が、戦時託児所に設置変更したという。昭和19（1944）年には、幼稚園2,006園に対して託児所2,184園となり、初めて幼稚園数より託児所数が上回った。なお、昭和18（1943）年の高等女学校規程改正では、高等女学校（戦前の女子中学校）に幼稚園か託児所かを附設することが推奨された。

　以上のように託児所は、昭和期以降に急速に普及した。戦後における保育所の発展は、昭和戦前・戦中期における託児所の爆発的普及を原点としている。

2．占領期における幼保二元体制の確立（1945年〜1950年代初頭）

（1）幼稚園の学校化

　現在、幼稚園は学校の一種である。なぜ幼稚園は学校であると考えられたのか。
　昭和20（1945）年8月、日本は終戦を迎え、連合軍総司令部（GHQ, General Headquarters）の統治を受けることとなった。同年9月、文部省は「新日本建設ノ教育方針」を発表したが、すぐに実施できる状況ではなかった。当時の幼稚園は、戦時中における園の閉鎖や託児所への転換、戦災による焼失・経済的困窮を受けて、惨たんたる状況にあった。しかも、子どもたちの多くは、戦災の影響で、教育どころか衣食住にも困っていた。

　文部省および教育関係者は、幼児教育をどうしたかったのか。昭和21（1946）年4月、GHQの招請を受けて来日した米国教育使節団が、日本の教育を視察・検討して報告書をまとめた。この報告書では、民主主義社会の一員を養うため、

単線型の学校制度が示された。保育制度については、将来、保育学校（育児場、nursery school）や幼稚園（kindergarten）を増設して、小学校内へ編入することが提案された。これは、幼稚園を含む保育施設を量的に充実した後、学校制度に組み入れる構想であり、文部省の政策形成に影響を与えた。

　昭和21年8月、米国教育使節団に協力した人々を中心として、教育刷新委員会が内閣に設置された。同委員会において、倉橋惣三は、保育制度について次のように主張した。幼稚園は「単なる厚生施設」や「保護施設」ではない。幼稚園を「学校としての教育体系」の中に位置づけ、小学校就学直前のすべての幼児が教育を受けられるようにする必要がある。この主張は、学齢前の子どもが幼稚園と託児所（保育所）とにそれぞれ通うために、社会的階級の分化を促しているのではないか、という現実認識から提起されたものであった。

　教育刷新委員会の建議に基づいて、文部省は、教育基本法や学校教育法などを立案し、国会に提出した。昭和22（1947）年3月、教育基本法とともに学校教育法が公布され、同年4月1日より施行された。これによって幼稚園は、3歳以上の就学前の幼児を入園対象として、「幼児を保育し、適当な環境を与えて、その身心の発達を助長すること」を目的とする学校となった。幼稚園の教育課程は、昭和23（1948）年3月刊行の文部省『保育要領——幼児教育の手引き』として例示された。この課程は、保育所・家庭保育をも視野に入れたものだった。

（2）母親の就労を支援する保育所

　次に、なぜ幼保二元体制が実施されることになったのか。

　幼稚園と保育所（託児所）との関係は、第92回帝国議会（昭和21年末～昭和22年3月）でも問題となった。当時の文部省の説明によると、文部省は厚生省と協議し、二元化を次のように構想していた。幼稚園も保育所も十分に普及していないため、この際どちらでもよいから幼児収容施設を増設したい。文部省は保育の教育的内容について厚生省へ提示し、厚生省は保護施設について援助することとする。以上の構想に基づいて、文部省は学校教育法などを立案した。学校教育法は、幼稚園・保育所増設を優先して幼保二元体制を維持する前提で公布された。そして、幼保一元化は後の課題とされたのである。

　では、厚生省および社会事業関係者は、保育所をどうしたかったのか。厚生省

の諮問を受けた中央社会事業委員会は、昭和22年1月、厚生省立案の児童保護法要綱の対象が要保護児童の保護に限られている点を批判した。そして、次世代社会の担い手であるすべての児童を対象とし、その一般福祉の積極的増進を目指して、「児童保護法」を「児童福祉法」へと改めるよう答申した。児童福祉法は、昭和22年12月に公布され、翌年1月より施行された。これにより、保育所は、すべての児童の一般福祉の増進を目指すという児童福祉の理念の下で、「日日保護者の委託を受けて、その乳児又は幼児を保育すること」を目的として設置・運営されることとなった。

しかし、当時、社会が緊急に求めていたのは、すべての児童の福祉増進ではなかった。戦災・貧困のため一家総出で働かざるを得ない家族や、病気・障害を負った帰還兵の看護をしなければならない妻たちが、自分たちの代わりに子どもたちを育ててくれる保育施設を求めていたのである。これは、最低限度の文化的生活のために必要な要求であった。昭和21年5月、初めて女性議員を迎えた第90回帝国議会では、母親の社会進出を容易にするために、幼保一元化が主張された。昭和22年8月、第1回国会に児童福祉法案が提出され、ここでも幼保一元化が問題になった。当時の厚生省の「予想質問答弁資料」によると、幼稚園を学校とし、保育所を保護者負担を軽減して母親の勤労を支える施設と位置づけた。この上で、幼稚園の保育内容を実施可能な場合、保育所は幼稚園の看板を掲げてよいとした。この措置は、社会政策面の強調によって保育所増設に必要な公費負担を可能にしつつ、教育面の強化を許して、将来の幼保一元化を展望したものとされている。

(3)「保育に欠ける」概念の形成

以上のように、保育所は、幼稚園とは違う役割を期待されて制度化されたが、その後どのように設置・運用されたのか。

保育所は、昭和22年度には1,618ヶ所だったが昭和27（1952）年度には5,637ヶ所にまで急増し、公立保育所のみならず、企業内託児所や私立共同保育所も増加した。厚生省は、昭和22年12月に児童福祉施設最低基準を定め、施設・設備面を中心に保育所保育の水準を一定程度保障しようとした。また、昭和25（1950）年3月、『保育所運営要領』を刊行し、文部省『保育要領』とは異なる保育の基準を示した。しかし、急増した保育所の多くは、これらの最低水準を下回っていた。

児童福祉法第24条には、「保育に欠ける」乳幼児に対する市町村長の保育義務が明示されていた。しかし、自治体によっては、費用負担の必要な措置児よりも、費用を徴収できる「保育に欠けない」私的契約児を入所させた。これを受け、昭和24（1949）年4月、厚生省は「保育に欠ける」対象範囲について、(1)外勤・家庭・自営労働の場合、(2)保護者が病気または病者看護者である場合、(3)生活環境が著しく不良な場合、とした。また、保育に欠けない私的契約児よりも「保育に欠ける」措置児の入所を優先させ、かつ保育条件の欠如程度の高い者から入所させるよう指導した。昭和26（1951）年6月には、児童福祉法改正により、保育所入所対象を「保育に欠ける乳幼児」とした。厚生省は、同年、この改正は「保育所本来の機能を確認する」ためであると説明し、かつ幼稚園教育に社会福祉活動としての「保護養育」を追加して行うのが保育所であると再定義した。

保育所入所者を「保育に欠ける乳幼児」に限定する政策は、低所得家庭の就労支援を充実させるところにねらいがあった。しかし、同時に、すべての児童の一般福祉を目指すという、児童福祉の精神や児童憲章の精神から遠ざかってしまったところには注意したい。

3．経済成長期における幼保二元体制の維持
　　（1950年代半ば〜1970年代初頭）

（1）女性就労の拡大期における保育政策

昭和27（1952）年4月、平和条約の発効によって日本は独立し、占領期に実施された政策を見直し始めた。以後、保育制度はどのように変わったのだろうか。

1950年以降の「朝鮮特需」を基盤に始まった高度経済成長は大量の労働力を必要とし、女性労働力をも必要とした。また、児童を将来の労働力の供給源泉とみなし、その健全育成と十分な能力開発とを期した。女性のM字型就労形態が現実となった昭和40（1965）年以降には、育児期間の女性の就労を援助するため、企業内託児施設の設置計画などが発表された。

女性就労の進行は、保育要求の多様化へつながった。例えば、出産後も働き続けるための産休明け乳児保育（ゼロ歳児保育）、勤務・通勤時間に見合った長時間保育、無認可保育施設への助成などが求められた。各地で保育集会が開かれ、

「ポストの数ほど保育所を」をスローガンとした保育所づくり運動が活発化した。これらの保育要求の実現は、一部の自治体では達成されたが、基本的には無認可共同保育所によって担われた。

　保育要求の高まりは、保育所の増設を進行させたが、同時に私的契約児の増加と定員超過をも進行させた。厚生省は、これに対して、保育所は「保育に欠ける」乳幼児を収容するという方針を厳格化していく。昭和30（1955）年、私的契約児の過半数超過または定員超過の施設に対して、事業停止・認可取消措置をとる方針を示した。昭和32（1957）年には、乳幼児の保育にあたりうる世帯員の有無や、実質的な経済的事情を加味して、入所の優先順位を示した。昭和33（1958）年には保育単価制度を導入し、補助額と保育料とを直結させた。昭和36（1961）年には、従来、自治体ごとに解釈の幅を認めていた入所基準を、全国一律化した。

　女性就労が進行すると、様々な家庭・母子問題が社会問題化し、家事・育児における母親の役割を強調する保育・家族政策が主張された。例えば、昭和38（1963）年7月、中央児童福祉審議会は、家庭外保育の必要性を認識しながらも、家庭保育を強調した「保育7原則」を打ち出している。このような保育政策は、家庭育児優先・母親就労否定との批判を受けながら、母親育児責任論と「3歳児神話」とにもとづいて繰り返し発表された。

（2）幼保二元体制における保育内容一元化

　続いて、幼稚園や幼保二元体制の変化を見ていこう。

　幼稚園では、昭和26（1951）年頃から入園希望者が増加したため、園の新設や学級定員の増加などによって対応していた。また、昭和27（1952）年3月、厚生省は『保育所運営要領』に代えて『保育指針』を刊行し、保育所だけでなく児童福祉施設の保育内容・方法等を示した。このため、文部省は、幼稚園整備の国庫補助のために教育課程・学級編制・園施設・教職員等の基準を示すとともに、学校教育法に定められた幼稚園教育の目的・目標を実現するために必要な教育内容や施設の基準を定めなくてはならなかった。同年5月、施設整備等の基準として幼稚園基準を通達したが、教育課程の詳細については定められなかった。

　昭和31（1956）年2月、幼稚園教育要領が刊行され、同年12月には、実態調査等に基づいて幼稚園基準を見直し、幼稚園設置基準を公布した。幼稚園教育要領

は、『保育要領』に代わるものとして、小学校との一貫性に配慮しつつ、就学前教育としての系統性・組織性を追求した。そして、教育内容を組織的にし、指導計画立案の便宜を図るため、「健康」「社会」「自然」「言語」「音楽リズム」「絵画製作」の6領域を定めた。幼稚園教育要領によると、6領域は「小学校以上の学校における教科とは、その性格を大いに異にする」ものであるが、指導計画は小学校の教育課程を考慮して作成することが求められた。そのため、保育現場では、幼小の関係を意識するあまり、6領域を小学校教科と混同し、固定した時間割を設けて領域別に指導するような実践がしばしば行われた。

このように、保育所と幼稚園との課程・施設等は別々に定められていった。しかし、実際には、幼稚園化する保育所も多く、幼保一元化の要求は絶えなかった。昭和38（1963）年10月、文部省と厚生省は、共同で「幼稚園と保育所との関係について」を通達した。ここでは、幼児の教育と保育との不分離性を確認し、教育については幼稚園教育要領に準ずることが望ましいとして、3歳児以上の保育内容一元化の方向を示した。しかし、幼稚園は学校、保育所は保育に欠ける乳幼児の保育施設という定義は再確認され、保育二元体制は維持された。

（3）「幼児教育」と「保育」

この時期、なぜ幼保二元体制は維持されたのだろうか。

昭和39（1964）年3月、大規模な実態調査に基づいて、幼稚園教育要領が改訂・告示された。この時、6領域の各項目を、幼稚園修了までに指導することの望ましいねらいとして位置づけ、それぞれ相互に密接な関連のあるものとした。また、小学校教科との区別を再度強調した。

幼稚園教育要領が改訂されると、保育所側も独自の機能を明らかにするために『保育指針』に代わる基準を求めた。厚生省は、昭和40（1965）年、保育所保育指針を刊行した。保育所保育指針は、厚生省から各都道府県知事等へ通達され、各管轄下の市町村・保育所に対する参考・指導に用いるよう指示された。

この時期、幼保二元体制はどのように考えられていたのか。教育関係者は、昭和46（1971）年6月の中央教育審議会答申によると、「保育に欠ける」幼児にも平等に教育を行うために、保育所を幼稚園化することを求めていた。他方、福祉関係者は、同年6月の中央児童福祉審議会中間報告によると、「幼児教育」の早期

化・知育偏重を警戒し、保育所の幼稚園化には消極的であった。また、養護と教育とを不離一体に行う「保育」の重要性を強調し、かつ今後の「保育に欠ける」幼児の増加を予測して、保育所の増設・整備を主張した。

　教育関係者は、「教育の機会均等」原則から幼保一元化を求めたが、福祉関係者は、幼稚園がとくに「保育に欠ける」幼児の養護を担いきれないと考え、幼保一元化には消極的であった。占領期・高度経済成長期を通して厳格化され続けた「保育に欠ける」概念は、幼保一元化を再び後の課題としたのである。

4．低成長期における幼保二元体制の見直し（1970年代半ば〜）

（1）保育要求の多様化の進行

　昭和48（1973）年のオイルショックを契機に、高度経済成長は終焉を迎えた。低成長期に入った日本社会では、どんな保育が求められてきたのか。

　政府は、不況対策とともに、税収減少にあわせて、財政負担の軽減と行政改革を推し進めた。福祉政策は、受益者負担と市場原理とに基づく方向へ大幅に見直されていく。これを受けて、保育所も整理対象となった。以後、公立保育所の統廃合、民間委託、児童定数の削減、職員数の削減、臨時職員・パートの採用、事務事業の省力化・民間委託などが進められた。

　保育要求の多様化は、引き続き進行した。この頃、企業経営の合理化・省力化により、解雇や不安定雇用の対象となる女性労働者が増えた。また、高学歴化などによるキャリア志向の高まりにより、中核的な労働に従事する女性も増えた。さらに、昭和60（1985）年の男女雇用機会均等法制定と労働基準法改正により、女性労働者の時間外・休日労働の禁止規程の廃止や、深夜業規制の緩和などが実施された。これらの動きの中で、労働時間と保育時間との食い違いが深刻化し、長時間保育やベビーホテルなどの営利事業の需要がさらに高まっていく。

　昭和56（1981）年10月には、保育所の保育時間延長や夜間保育を実施できるようになった。ベビーホテルについては、昭和55（1980）年から56年にかけて、国会やマスメディアにおいて、その劣悪な保育環境が問題となった。厚生省は、昭和56年7月、無認可保育所に対する当面の指導基準を通達し、ベビーホテルに一定の水準を求めた。ただ、これは児童福祉施設最低基準よりも低い水準を認める

ことにつながった。

　1980年代には、中央教育審議会や臨時教育審議会などにおいて、幼児を取り巻く環境の変化が問題視された。とくに、人・自然とのふれあいや、基本的生活習慣の育成を強化することが求められ、平成元（1989）年3月、幼稚園教育要領が改訂された。この改訂では、教育内容を発達の視点から捉え直し、従来の6領域を「健康」「人間関係」「環境」「言葉」「表現」の5領域に改編した。また、同時期の学習指導要領改訂の原理であった新学力観のように、意欲・関心・態度を重視して教育内容が整理されている。平成2（1990）年、保育所保育指針も大幅に改訂された。このとき、幼稚園教育要領の改訂に対応して、個々の子どもに応じた保育の強調や、小学校との関係、障害児保育への言及など、保育所保育の内実に関わる重要な改訂が行われた。

（2）少子化対策としての幼保一元化

　低成長期の保育政策は、個人の自助努力として家庭保育を原則としつつ、家庭・地域・企業における相互扶助に言及し、社会的な子育て支援を主張した。平成2年の保育所保育指針改訂においても、家庭・地域との連携および家庭養育補完の役割が強調されている。子育て支援は、少子化の進行を押しとどめる方策としても注目された。例えば、昭和56年12月の中央児童福祉審議会の意見具申では、少子化対策として、若い世代が安心して子育てを行うことができるように、地域における保育機能の充実や育児相談機能の強化などが求められた。

　この動きは、教育課程にも影響を与えた。平成10（1998）年、幼稚園教育要領が改訂された。この改訂は、学習指導要領改訂の方針に応じて、「生きる力の基礎」を育成することを幼稚園教育の目標に位置づけるとともに、自我形成や人間関係などに関わる教育内容を大幅に改編した。基本方針としては以上のような平成元年の改訂の延長上にあったが、家庭との連携、「地域の幼児教育のセンター」としての役割や、預かり保育などについても新たに規定された。この改訂を受け、平成11（1999）年には保育所保育指針も改訂された。

　平成2年の「1.57ショック」後には、さらに少子化対策が積極化した。平成6（1994）年4月、「児童の権利に関する条約（子どもの権利条約）」が国会で批准され、「子どもの最善の利益」を保障する親と国の役割を確認したことも、保育政

策に影響を与えた。1994年以降、政府は、各省合同で「今後の子育て支援のための施策と基本的方向」（エンゼルプラン）や「重点的に推進すべき少子化対策の具体的実施計画について」（新エンゼルプラン）を実施していく。これにより、保育・子育て支援サービスなどが大幅に充実した。

　平成14（2002）年、厚生労働省は、保育政策中心の少子化対策を、労働・家族政策をも含めた次世代育成支援へと方針転換した。そして、すべての子育て家庭を支援し、および仕事・家庭生活を両立させるため、国・自治体・企業・個人などを動員して総合的に取り組んでいく。これは、平成16（2004）年12月、少子化社会対策会議が策定した「少子化社会対策大綱に基づく重点施策の具体的実施計画について」（子ども・子育て応援プラン）によって具体化された。

　このような少子化対策が実施されていったが、出生率の低下は止まらなかった。また、共働き家庭の一般化により、待機児童が増加し始め、社会問題化した。1990年代半ば以降、地域の実情に応じた幼稚園・保育所の弾力的運用を求める声が高まった。平成10年3月、文部省と厚生省は「幼稚園と保育所の施設の共用化等に関する指針について」を共同で通知し、幼稚園・保育所の合築・併設・同一敷地内設置についての指針を示した。さらに、平成18（2006）年6月、「就学前の子どもに関する教育、保育等の総合的な提供の推進に関する法律」が成立した。これにより、幼稚園と保育所との両機能をそなえた「認定こども園」が創設された。認定こども園は平成23（2011）年4月1日時点で、全国に911園設置されている。

　なぜ日本には幼稚園と保育所とがあるのか。占領期において幼保二元体制が確立したのは、第1に、保育所は貧困家庭の子どもを対象とする施設であり、幼稚園は生活に余裕のある家庭の子どもを対象とする施設である、という戦前からの両施設に対する一般的認識が働いたからであった。第2に、戦災や貧困から子どもたちや保護者（とくに母親）を救うために、幼児収容施設の増設が優先されたため、幼保一元化の実現は据え置かれたからであった。高度経済成長期において幼保二元体制が維持されたのは、すべての子どもに対する教育よりも、「保育に欠ける」乳幼児の養護が優先されたためであった。低成長期において幼保一元化（一体化）が実現し始めたのは、財政負担節減を前提とした少子化対策の推進により、幼稚園と保育所との弾力的運用が認められたからであった。

日本に幼稚園と保育所とがあるのは、「保育に欠ける子ども」と「保育に欠けない子ども」とを分ける意識があったからであった。現在、社会における様々な格差は広がっており、実態として両者の区別がなくなったとはいえない。同一施設に入園したとしても、両者が必要とする保育の質はそれぞれ異なる。幼保一元化の社会に生きるこれからの保育者に必要なのは、一人ひとりの子どもが必要とする保育をしっかりと見極め、実施できる力であろう。

　［主要参考文献］
　岡田正章『日本の保育制度』フレーベル館、1970年。
　日本保育学会『日本幼児保育史』第6巻、フレーベル館、1975年。
　文部省『幼稚園教育百年史』ひかりのくに、1979年。
　唐澤富太郎編『図説教育人物事典──日本教育史のなかの教育者群像』中巻、ぎょうせい、1984年。
　二葉保育園編『二葉保育園八十五年史』二葉保育園、1985年。
　池田敬正『日本における社会福祉のあゆみ』法律文化社、1994年。
　上笙一郎・山崎朋子『光ほのかなれども──二葉保育園と徳永恕』現代教養文庫、社会思想社、1995年。
　水野浩志・久保いと・民秋言編『保育者と保育者養成』戦後保育50年史第3巻、栄光教育文化研究所、1997年。
　池田祥子・友松諦道編『保育制度改革構想』戦後保育50年史第4巻、栄光教育文化研究所、1997年。
　森上史朗・岸井慶子編『保育者論の探求』新・保育講座②、ミネルヴァ書房、2001年。
　佐伯胖『幼児教育へのいざない──円熟した保育者になるために』UP選書、東京大学出版会、2001年。
　田中亨胤・尾島重明・佐藤和順編『保育者の職能論』MINERVA保育実践学講座2、ミネルヴァ書房、2006年。
　是澤博昭『教育玩具の近代──教育対象としての子どもの誕生』世織書房、2009年。
　柏原栄子・渡辺のゆり編『新現代保育原理』建帛社、2009年。
　榎田二三子・大沼良子・増田時枝編『シードブック保育者論』建帛社、2009年。
　中村強士『戦後保育政策のあゆみと保育のゆくえ』新読書社、2009年。　　など

　［論文初出］
　　次の論文を若干修正加筆。白石崇人「日本の保育の制度史（戦後）──なぜ保育所と幼稚園があるのか？」池田隆英・上田敏丈・楠本恭之・中原朋生編『なぜからはじめる保育原理』建帛社、2011年、97～104頁。用語解説は省略した。

第３節：現代日本における幼児教育の目的とは何か？

　現代日本において、幼児教育は何を目的とすべきか。本節では、教育全体の目的をふまえて、幼児教育独自の目的を検討する。また、その目的に基づく幼児教育独自の目標を検討する。なお、本節の検討対象は幼稚園にしぼることとする。

１．法令上における幼稚園教育の目的

　学校教育法の第22条には、以下のように、幼稚園教育の目的が規定されている。

> 第22条　幼稚園は、義務教育及びその後の教育の基礎を培うものとして、幼児を保育し、幼児の健やかな成長のために適当な環境を与えて、その心身の発達を助長することを目的とする。

　これによると、幼稚園教育の目的は大きく２つに分けられる。すなわち、(1)義務教育以後の教育の基礎を培うこと、(2)幼児を保育することである。ここで幼児保育とは、幼児の心と身体の発達を助長して、幼児が健やかに成長することである。その保育方法は、適当な環境を与えることである。
　昭和22（1947）年３月の学校教育法制定当初には、幼稚園教育の目的は第７章第77条に規定され、他の学校段階の後に挙げられていた。しかし、現行の学校教育法では、幼稚園は、全学校段階のうち、最初の部分の第３章第22条～28条に規定されている。ここに、学校教育法制定当初から現行法までの間に、幼稚園を全学校段階の最初段階に位置づけた変遷の跡が端的に見られる。
　幼稚園教育の目的は、以上の通りである。保育所の教育は幼稚園教育に準じるため、保育所における幼児教育もまた、幼稚園教育の目的を重視する必要があろう。
　学校教育法は、教育基本法第18条を受けて制定されたものである。学校教育法第22条の幼稚園教育の目的は、教育基本法とくにその第１条（教育の目的）に基づかなければならない。また、教育基本法は、その前文に「我々は、日本国憲法

の精神にのっとり、我が国の未来を切り拓く教育の基本を確立し、その振興を図るため、この法律を制定する」と記されているように、日本国憲法の精神に基づいて制定されたものである。すなわち、幼稚園教育の目的は、究極的には、日本国憲法の主旨に基づかなければならない。

2．教育全体の目的

(1) 教育基本法における教育目的

教育基本法第1条は、以下の通り、教育の目的を述べている。

> 第1条（教育の目的）　教育は、人格の完成を目指し、平和で民主的な国家及び社会の形成者として必要な資質を備えた心身ともに健康な国民の育成を期して行われなければならない。

これは、学校教育・社会教育・幼児教育などを含む教育全体の目的である。教育全体の目的は、大きく次の2つに分けられる。すなわち、(1)人格の完成と、(2)国民の育成である。(1)は個人の中で完結しうる性質・能力等に関わる目的であり、(2)は社会・国家とのかかわりのなかで機能する性質・能力等に関わる目的といえる。(1)と(2)とは、別々に考えてはならない。(1)の人格完成は、(2)の国民育成と調和しながら行われなければならないし、(2)の国民育成は、(1)の人格完成と調和しながら行われなければならない。

なお、ここでいう教育によって育成すべき国民とは、平和で民主的な国家・社会の形成者であり、健康な心身を有する存在である。ここで国民が生きる場として想定されている国家・社会は、戦争や暴力による争いをむやみに好んだり、一人または一部の権力者の意見に盲目的に従ったりするようなものではない。それは、争いが起きても話し合いなどで解決していく平和な国家・社会であり、かつ一人ひとりの意見を尊重するとともに構成員の合意を得たルールには自主的に従っていく民主的な国家・社会である。そして、このような国家・社会において生きる国民は、他人の意見に盲目的に従う受動的な生き方や、国家・社会の形成を他人事のように傍観する消極的な生き方ではなく、自ら国家・社会を形成してい

く積極的な生き方をするように育成されなければならないのである。

　幼稚園教育の目的は、根本的には日本国憲法の精神に基づく。たとえば、日本国憲法第12条には、以下のように規定されている。

> 第12条　この憲法が国民に保証する自由及び権利は、国民の不断の努力によって、これを保持しなければならない。又、国民は、これを濫用してはならないのであって、常に公共の福祉のためにこれを利用する責任を負ふ。

　これによれば、国民に保証された様々な自由・権利は、国民自身が絶え間なく保持に努めなければならないものである。教育は、このような努力の一種といえる。幼稚園教育は、国民の自由・権利を保持する努力の一種として、自覚的に行われなければならない。

(2) 教育全体の目的達成によって目指すもの

　教育基本法の前文は、以下のように日本国民の理想を述べる。

> 　我々日本国民は、たゆまぬ努力によって築いてきた民主的で文化的な国家を更に発展させるとともに、世界の平和と人類の福祉の向上に貢献することを願うものである。我々は、この理想を実現するため、個人の尊厳を重んじ、真理と正義を希求し、公共の精神を尊び、豊かな人間性と創造性を備えた人間の育成を期するとともに、伝統を継承し、新しい文化の創造を目指す教育を推進する。ここに、我々は、日本国憲法の精神にのっとり、我が国の未来を切り拓く教育の基本を確立し、その振興を図るため、この法律を制定する。

　すなわち、たゆまぬ努力によって実現を目指すべき日本国民自身の理想とは、⑴民主的・文化的国家の発展、⑵世界平和への貢献、⑶人類の福祉向上への貢献、の3点である。この理想を実現する方法こそ、教育なのである。

　教育全体の目的のうち、⑴人格の完成は、教育基本法の前文における「人間の育成」に深く関連していると思われる。すなわち、教育によって完成させるべき

人格とは、豊かな人間性・創造性を備え、個人の尊厳および公共の精神を尊重し、真理・正義を希求するような人間性と創造性を意味している。また、伝統継承と新しい文化の創造を目指す態度は、国家・社会を形成していく上で不可欠の態度である。教育全体の目的(2)の国民育成に関わって、国家・社会の形成者としての資質を備えさせる上では、とくに伝統を継承し、新しい文化の創造を目指していくことを考慮しなくてはならない。

このような教育全体の目的は、戦前における教育全体の目的と比較することで、その特徴をより理解することができる。戦前における教育全体の目的は、明治23（1890）年10月に天皇の文書として渙発された「教育勅語」（教育ニ関スル勅語）に現れている。教育勅語において根本的な目的として据えられているのは、「皇祖皇宗の遺訓」に従って「天壌無窮の皇運を扶翼」することであった。民主的・文化的国家の発展、世界平和への貢献、人類の福祉の向上を目指して、人格完成と国民育成を目指す現行の教育目的とは、明らかに趣旨を異にしている。

幼稚園では、環境を整えて幼児の保育を行い、義務教育以後の教育の基礎を培い、その心身発達を助長して健やかな成長を促す。幼稚園は、人格完成・国民育成の一端を担う教育を行う。それは、日本国憲法の精神に基づいて教育基本法前文に示されている、日本国民の理想を実現するための「たゆまぬ努力」そのものである。幼児教育は、そのような重大な意味を有する営みなのである。

3．幼稚園教育の目標と教育全体の目標との関係

教育基本法第6条には、以下のような学校教育における注意点が述べられている。

> 第6条　法律に定める学校は、公の性質を有するものであって、国、地方公共団体及び法律に定める法人のみが、これを設置することができる。
> 2　前項の学校においては、教育の目標が達成されるよう、教育を受ける者の心身の発達に応じて、体系的な教育が組織的に行われなければならない。この場合において、教育を受ける者が、学校生活を営む上で必要な規律を重んずるとともに、自ら進んで学習に取り組む意欲を高めるこ

とを重視して行われなければならない。

　すなわち、学校教育としての幼稚園教育は、心身発達を無視した教育や行き当たりばったりのバラバラの教育ではなく、(1)被教育者の心身発達に応じた体系的な教育を組織的に行う。また、幼稚園での生活は、放任状態にしてルールを軽視する態度を形成するような園生活ではなく、(2)被教育者が学校生活上の規律を重んじるような生活にする。そして、幼稚園では、子どもが保育者の指示なしでは動かないようにするのではなく、(3)子どもが主体的・自主的に学習する意欲を高めるようにしなければならない。

　教育基本法第6条によれば、学校には、「教育の目標」を達成することが求められている。この「教育の目標」は、教育基本法に定められている教育全体の目標と、学校教育法に定められている各学校段階ごとの目標とを指すと思われる。教育全体の目標は、以下のように、教育基本法第2条に定められている。

　　第2条（教育の目標）　教育は、その目的を実現するため、学問の自由を尊重しつつ、次に掲げる目標を達成するよう行われるものとする。
　1．幅広い知識と教養を身に付け、真理を求める態度を養い、豊かな情操と道徳心を培うとともに、健やかな身体を養うこと。
　2．個人の価値を尊重して、その能力を伸ばし、創造性を培い、自主及び自律の精神を養うとともに、職業及び生活との関連を重視し、勤労を重んずる態度を養うこと。
　3．正義と責任、男女の平等、自他の敬愛と協力を重んずるとともに、公共の精神に基づき、主体的に社会の形成に参画し、その発展に寄与する態度を養うこと。
　4．生命を尊び、自然を大切にし、環境の保全に寄与する態度を養うこと。
　5．伝統と文化を尊重し、それらをはぐくんできた我が国と郷土を愛するとともに、他国を尊重し、国際社会の平和と発展に寄与する態度を養うこと。

　ここに、教育全体の目標は、第1項に知（幅広い知識と教養、真理を求める態

度)・徳（豊かな情操、道徳心)・体（健やかな身体）について、第2項に個人的態度（個人の価値の尊重、能力伸張、創造性、自主的・自律的精神、職業と生活とを関連づける態度、勤労の尊重）について、第3項に社会に対する態度（正義・責任・男女平等・自他敬愛・協力の尊重、公共の精神、主体的な社会形成・発展への参画・寄与）について、第4項に自然に対する態度（生命尊重、自然尊重、環境保全への寄与）について、第5項に国内・国外文化に対する態度（伝統・文化の尊重、愛国心、愛郷心、他国尊重、国際社会の平和・発展への寄与）として定められている。

　このような教育全体の目標に対し、学校教育法第23条・第24条には、幼稚園教育独自の目標が、以下のように定められている。

　　第23条　幼稚園における教育は、前条に規定する目的を実現するため、次に掲げる目標を達成するよう行われるものとする。
　１．健康、安全で幸福な生活のために必要な基本的な習慣を養い、身体諸機能の調和的発達を図ること。
　２．集団生活を通じて、喜んでこれに参加する態度を養うとともに家族や身近な人への信頼感を深め、自主、自律及び協同の精神並びに規範意識の芽生えを養うこと。
　３．身近な社会生活、生命及び自然に対する興味を養い、それらに対する正しい理解と態度及び思考力の芽生えを養うこと。
　４．日常の会話や、絵本、童話等に親しむことを通じて、言葉の使い方を正しく導くとともに、相手の話を理解しようとする態度を養うこと。
　５．音楽、身体による表現、造形等に親しむことを通じて、豊かな感性と表現力の芽生えを養うこと。
　　第24条　幼稚園においては、第22条に規定する目的を実現するための教育を行うほか、幼児期の教育に関する各般の問題につき、保護者及び地域住民その他の関係者からの相談に応じ、必要な情報の提供及び助言を行うなど、家庭及び地域における幼児期の教育の支援に努めるものとする。

　ここに、幼稚園教育の目標は、第1項に身体的健康と発達について、第2項に

社会性の発達について、第3項に社会的・自然的環境に関する発達について、第4項に会話・言葉の発達について、第5項に表現に関する発達について規定されている。また、第24条では、保護者または地域に対する子育て支援に関する目標が示されている。これらの目標は、さらに具体化されて、幼稚園教育要領の各ねらい・内容を導いている（詳しくは第2巻参照）。

　幼稚園教育の目的が教育全体の目的に深く関連しているように、幼稚園教育の目標もまた教育全体の目標と関連づけて考えることができる。たとえば、学校教育法第23条第1項の「身体諸機能の調和的発達」という目標の部分は、教育基本法第2条第1項の「健やかな身体を養う」という目標に対応するものと考えられる。両目標は、同様に身体の発達を目指しているためである。このことから、幼稚園において幼児の身体を調和的に発達させることは、生涯を通した「健やかな身体を養う」という教育全体の目標の実現につながっていることがわかる。そうだとすれば、たとえ「健やかな身体」を養っているようであっても、たとえば幼児期からスポーツ選手を養成するように特定の身体機能を発達させようとするやり方は、調和的発達を目指す幼稚園教育の目標からずれたものと判断できる。

第4章●保育者とは何か

第1節：保育者はどのように誕生したか？——「子守」から「教師」へ

　現代日本では、保育者は学校を卒業して現場へ出て行く。幼稚園教諭は大学（短期大学）で2年または4年かけて養成され、保育士は大学（短期大学）または専門学校で2年かけて養成されている。幼稚園教諭免許状・保育士資格は、検定試験で取得することもできるが、現在では学校で養成されることの方が圧倒的に多い。

　保育者養成は、どのようなあり方がよいのか。養成期間2年は長いのか短いのか。近年では幼保一体化の流れを受けて幼稚園教諭免許状と保育士資格とを同時取得できるカリキュラムを提供する学校が増えているが、幼稚園教諭免許状と小学校教諭免許状を両方取得できるカリキュラムを提供している学校もある。また、幼稚園教諭免許状・保育士資格同時取得の場合、2年間で幼稚園・保育所・福祉施設での実習期間を約9～10週間設定するが、それは長いのか短いのか。

　保育者養成のあり方はどのように形成されてきたのか。この問題は、今の養成課程を大事にするにしても、今後批判的に発展させるにしても、重要な問題である。本節では、近代日本における保育者養成の歴史を振り返り、どのような経緯で今の養成課程の枠組みができたのか検討しよう。

1．保育者養成の開始

（1）見習いによる速成的養成

　幼児教育・保育の専門的職業は、日本では、少なくとも明治期まで存在しない。

江戸期には、保育は「子守」と呼ばれ、余業として行うか、まだ家業の手伝いができない幼い子どもに分担された仕事であった。そのため、子どもの発達を促進させたり、子どもの権利を尊重したりすることは、意図的・計画的になされてこなかった。その意味では、明治期に「幼稚園保姆」という幼児教育・保育の専門的職業が生まれたことは画期的である。

　ただ、幼稚園保姆が専門的職業として社会的に認められるまでには、長い時間がかかった。明治期以降、長い間、保姆は「高等な子守」と一般の人々から思われており、素人の子どもでもやれる子守の延長か、すこし高度なことができる程度にしか認識されてなかった。そのようにしか思われなかったのは、幼児教育・保育への人々の理解が不十分であったのに加えて、専門的な教育課程を経て養成された保姆が少なかったから、または養成されても極めて短期間で速成的に養成された保姆が多かったからである。

　日本最初の「幼稚園」とされる東京女子師範学校附属幼稚園（現お茶の水女子大学附属幼稚園）創設当初の職員は、先述の通りである（第3章第1節）。このとき、養成されて保姆になった者は、松野クララただ1人であった。監事の関信三も、保姆の豊田・近藤も、特別に保育者として養成された人物ではなかった。ドイツ人である松野は、日本語を話せない代わりに英語を話せたので、英語に長けた関が通訳して、豊田・近藤にフレーベル主義保育を教えた。日本初の保育者養成はこのような有様であった。明治11（1878）年2月には、大阪から派遣された氏原鋹（1858〜1938）・木村末（？〜？）を受け入れ、保育見習生とした。彼女らは10ヶ月（氏原は出産のため6ヶ月で帰阪）の見習い後、大阪へ帰って幼稚園教育の創設に尽力した。

　このように、日本最初期の保育者は、養成校での組織的教育を受けて養成されたのではなく、保育をしながらの数ヶ月間の見習いによって誕生したのである。このような速成的養成は、東京女子師範学校附属幼稚園だけでなく、各地の幼稚園でも行われた。

（2）組織的養成の始まり

　最初期に、組織的教育による保育者養成がまったくなかったわけではない。大阪の保育見習生を受け入れた数ヶ月後の明治11（1878）年6月には、東京女子師

範学校に保姆練習科（1年制）が設置された。しかし、応募者がほとんどなかったため、翌明治12年に再度募集をかけた。その結果、入学者11名を得たため、ようやく授業を開始した。明治13年7月に第1回生が卒業し、各地で幼稚園保姆などを務めた。しかしこの保姆練習科は第1回生卒業直後に廃止され、その代わりに幼稚園保姆養成課程を東京女子師範学校小学師範学科（本科）へ編入することになった。

保姆練習科廃止後の東京女子師範学校の保育者養成課程は、小学校教員養成に必要な学科目に「幼児保育法」を加えただけであった。当時、正規の養成課程を経た小学校教員も著しく不足しており、教育政策上も幼稚園より小学校の方が重視されていた。この状況下では、小学校教員養成を優先する必要があったのであろう。小学校教員養成課程の中で保育法を教えるだけという保育者養成の形式は、東京女子師範以外の女子師範学校でも行われた。

女子師範学校卒業生は、幼稚園に就職することもあったが、おおむね小学校教員などの幼稚園以外の所へ就職した。当時、幼稚園保姆の待遇は非常に悪かったためである。同じ頃、小学校教員も安い給与を受け、劣悪な待遇にあえいでいたが、幼稚園保姆の給与はそんな小学校教員の給与の半分しかなかった。小学校教員になれる者が、幼稚園保姆という職をわざわざ選ぶにはよほどの理由が必要だっただろう。

明治20年代に入ると、都市部に幼稚園が普及し初め、保育者の需要を高めた。現場保姆には無資格の者が多かった。そのため、各地で、短期間の講習・伝習を行う速成的な保育者養成が実施された。また、明治20年代半ば以降とくに明治30年代以降になると、各地で保姆検定試験が整備され始めた。それにより、講習を受けた後に検定試験を受けて保姆資格を得る事例が現れた。

なお、速成的とはいえ、講習・伝習内容は、必ずしも誰でもできるような簡単なものばかりではなかった。たとえば、明治19（1885）年1月、大阪府の愛珠幼稚園は幼児保育法伝習科規則を定め、おおむね6ヶ月の保育法伝習を始めた。伝習では、小学校中等科以上の学力と品行方正・体質健全な18歳以上の女性を対象に入試を行い、1日6時間（土曜のみ5時間）・週35時間で、修身・恩物大意・恩物用法・実地保育・唱歌・体操・教育学・幼稚園管理法を教えた。愛珠幼稚園では、東京女子師範学校卒業生を保姆に採用しており、おそらく彼女らによって

伝習が行われたと思われる。卒業試験では、保育場面を意識した設問が出され、理論の実践的な理解・応用、教育学全般に関する知識、楽典・独唱・ピアノ伴奏などの実技などを試験した。

（3）キリスト教系の保育者養成施設

　以上のように、明治期には、小学校教員養成の付加的課程または1年以内の速成的な教育課程で、保育者を養成していたところが多かった。それと比べ、キリスト教系の保育者養成施設は、比較的高度な保育者養成を行っていたところがあった。キリスト教とくに米国プロテスタント各派は、幼稚園教育を有効な宣教手段として積極的に重視し、日本にも幼児への教育・福祉・伝道を計画して宣教師を送り込んでいた。婦人宣教師たちは、使命感をもって来日し、幼稚園教育および保育者養成にも尽力した。また、そもそも幼稚園教育の出発点となったフレーベルの思想は、神への信仰心が基礎にあり、神性の現れとして幼児の活動の意義と価値を認めているため、キリスト教との親和性が高かった。

　幕末の開港によって開かれた外国人居留地には、多くのキリスト者が生活していた。横浜居留地では、明治4（1871）年、婦人宣教師たちによって、居留地での混血児の保護と教育を行うために亜米利加婦人教授所が開かれた。翌年には必要がなくなったため廃止されたが、同施設には、のちに東京女子師範学校附属幼稚園の創設に尽力した中村正直が関わっていたことは注目されてよい。関信三の関与も推測されている。明治17（1884）年には、米国長老教会関係の桜井女学校（現女子学院）に幼児保育科（1年制）が設置され、幼稚園保姆の資格をもったアメリカ人宣教師ミリケンによって保育者養成が行われた。明治20年代にはキリスト教系の幼稚園が多数設立されているが、明治28（1895）年には、米国メソジスト教会関係の広島英和女学校（現広島女学院）が保姆養成科（2年制）を設置し、アメリカ人宣教師ゲーンズによって保育者養成が行われた。

　明治期のキリスト教系保育者養成校として著名なものに、明治22（1889）年に米国組合教会の宣教師A・L・ハウ（Howe、1852〜1943）によって開設された、頌栄保姆伝習所（現頌栄短期大学）がある。頌栄保姆伝習所は、当時1年以内の教育課程が多かった日本の保育者養成の世界で、2年制の教育課程を開いた。明治26（1893）年時点で伝習所の目的を「幼稚園保姆及保姆学校教員ヲ養成スルニ

アリ」とし、幼稚園保姆養成を明確に目的にするだけでなく、保姆養成校の教員養成をも視野に入れている。入学資格・試験には、高度な知識・教養や品行等を求めた。また、2年制の普通科の上に高等科2年を設けている。さらに、高等女学校（女子中学校）の卒業生で相当の学力を認められれば、無試験で入学を許した。当時の頌栄の保育者養成課程は、国公立の保育者養成課程よりも充実していたと思われる（女子師範学校が高等女学校卒業を入学資格としたのは明治40（1907）年以降）。なお、ハウは、フレーベルの根本精神の把握と実践を求めて保育者養成にあたるとともに、『母の遊戯及育児歌』『人の教育』を訳すなど、フレーベル主義保育の訳著を多く残している。ハウ自身も、日本における幼児教育・保育の発展・普及上、不可欠の人物であった。

頌栄保姆伝習所
創設者
A・L・ハウ
（1852〜1943）

2．大学における保育者養成へ

（1）戦前日本の保育者養成の到達点

以上のように、明治日本の保育者養成は、頌栄のように2年または4年の教育課程を持つ施設も例外的にあったが、おおよそ1年以下の教育課程が中心であった。この状況は、幼児教育の発展にともなって養成内容の変化はあるとはいえ、大正・昭和戦前期に至っても制度の枠組みに大きな変化はなかった。戦前期の到達点として、昭和15（1940）年度の養成状況を見てみよう[1]。

昭和15年度の文部省の調査によると、保育者養成専門の施設数（師範学校・高等女学校などの副次的養成施設は除く）は全国に33施設あった。保姆資格は、専門学校入学資格をもって入学資格とする学校において、1年以上「幼児ノ保育ニ適スル教育」（幼稚園令施行規則）を受けて卒業した者に無試験で与えられていた。これら専門学校等の施設に関する全国的な規程はなかったため、形式・修業年限・方針いずれもまちまちであった。

修業年限2年の施設は、尚絅女学校専攻部保育科（現尚絅大学短期大学部）、東洋英和女学校幼稚園保育科（現東洋英和女学院大学）、柳城保姆養成所（現名古屋柳城短期大学）、京都成安女子学院保姆科（現成安造形短期大学、ただし今

は保育者養成はやっていない)、平安女学院専攻部保育科（現平安女学院大学）、頌栄保育専攻学校（現頌栄短期大学）、聖和女子学院保姆科（現聖和大学）、西南保姆学院（現西南学院大学）の７施設であった。そのほか未調査の２施設以外の25施設は、修業年限１年の施設であった。設置道府県に偏りがあり、東京に10施設、京都に３施設、兵庫・宮城・徳島・奈良に２施設ずつ、北海道・岩手・秋田・福島・千葉・神奈川・石川・愛知・岡山・広島・福岡・長崎に１施設ずつ設置されていた。

　教育条件も様々であった。キリスト教系の施設は12施設あり、２年制をとっている８施設中７施設（成安女子学院以外）はキリスト教系であった。なお、仏教系は４施設、宗教に関しない施設は18施設であった。定員数は最少６名〜最大150名、生徒数は最小２名〜最大90名であり、生徒数の平均は約30名であった。志願者は基本的にすぐ入学でき、東京以外の施設はその地方出身の志願者が多く、卒業後はその地方に就職する者が多かった。教員数は最少５名〜最大26名であるが、その81％（全施設全教員数390名中314名）は兼任教員であった。専任教員が１名もいない施設も12施設あった。専任教員の方が兼任教員より多い施設は、東京保姆伝習所（現彰栄保育福祉専門学校）と聖和女子学院保姆科（前述）の２施設のみであった。

　保育実習は週８時間〜20時間であり、週10時間〜15時間の施設が多かった。これだけ多くの実習ができたのは、ほとんどの施設では附属幼稚園で実習をおこなったためである。教科目については、修身・体操（遊戯）・図画・音楽（唱歌）・手工（手技）・理科（観察）・国語（談話）などが教えられた。遊戯・唱歌・手技・観察・談話のように、当時の保育項目（今でいう保育内容の領域）に対応する科目もあった。教育学は週２時間〜３時間、保育学（保育法）は週３時間以上教えられた。これらの教育課程については、託児所（保育所）が増加する当時の状況をふまえて、小児保健・衛生・栄養などの養護的内容の手薄なことや、乳児保育実習の欠如が問題視されていた。

　なお、師範学校での保育実習は、以上の専門施設よりも時間数が少なかった。昭和18（1943）年４月施行の師範学校規程で若干時間数を増加したが、それでも教育実習（国民学校（小学校）での実習）と保育実習（幼稚園での実習）とをあわせて12週間であった。たとえば大阪第一師範学校では、実習12週間のうち２週

間を保育実習にあてており、保育実習の副次的位置づけは否めない。

（２）戦後日本の大学における保育者養成の開始

　昭和22（1947）年公布の学校教育法により、幼稚園は学校の一種となった。昭和24（1949）年には、教育職員免許法により、小中高校の教員と同様に、幼稚園保姆も「教諭」となった。これにより、幼稚園の保育者は、「教員」の一員として位置づけられた。

　小学校教員は、戦前において、幼稚園保姆の資格者としても見なされていたことを考えると、幼稚園教員と非常に深い関係にある。小学校教員は、戦前において主に師範学校で養成されていたが、戦後、大学で養成されることになった。これは、戦前の師範学校における教員養成を批判し、「開放制」を採用した結果であった。戦前日本の師範学校は、入学当初から教員になるための教育のみを受けるため、教養の浅い人間になりがちだと問題視されていた。この問題を解消するために考えられたのが、教員になるために養成された者以外、すなわち深い教養と学力とを身に付けた大学生が教員になれるように、教員免許状取得の道を開放することであった。これが教員養成の「開放制」である。

　開放制は、教員の社会的地位の向上や資質の多様化を進めるには有効な方策ではあったが、教員に必要な専門的知識・技術をいかに大学で教育するかという課題を残した。1950年代後半頃から教員の質への関心が高まると、教員の目的養成の必要性が再び強調され始め、教育学部の目的養成的機能が充実されていった。1960年代には、教育大学が創設されていく。1970年代には、教職の専門職性への着目から、教員の実践的な指導力が求められた。この流れの中で、教員の専門性養成の重要性が再確認され、教員養成の専門化をさらに追求する動きが現在まで続いている。

　さて、開放制における幼稚園教員養成の実態については、あまり研究が進んでいないため不明なところが多い。しかし、従来、専門学校程度または中等学校（昭和18年までは師範学校は中等学校であった）で養成されていた幼稚園保姆が、大学（２年または４年間の高等教育）で幼稚園教員として養成されるようになったのは画期的であった。明治期には特別な学校を出なくても誰でもできる「子守」の延長として考えられていた保育者が、戦後直後の教育改革を経て、大卒の

教員でなくてはならないというところまで認められるようになったのである。

　保育者養成の規模は、この後拡大していく。戦後日本における出生率上昇・乳幼児死亡率低下、女性の社会進出、学歴主義に基づく早期教育の隆盛などは、幼稚園・保育所の需要を高め、膨大な数の保育者を必要とした。1960年代頃から保育者養成の拡大が図られ、大学に幼稚園教員養成課程が設置されていく。また、高校進学率の上昇を受けて、高校生の進学先として多くの大学・短期大学が創設された。とくに多くの女子大学・女子短期大学には、幼稚園教員養成課程・学科が置かれた。その背景には、幼稚園教員が女性の専門的職業としてすでに確立していたことも関係しているだろう。

　以上のように、日本の保育者養成のあり方は、幼稚園での見習いによる養成、小学校教員養成の付加的養成や1年間以内の速成的養成が主流であったところから、2年間または4年間かけて専門的に養成されるところへと変化して今に至っている。これは、保育者の社会的評価が、素人的な「子守」から専門的な「教師」へと変化したことによるものである。この変化が東京女子師範学校附属幼稚園での豊田・近藤の見習い開始（1876年）から学校教育法公布（1947年）までの間に起こったとすると、実に72年かかったことになる。なお、詳しくは次節で論じるが、実は、保育所（託児所）保母の養成課程が、幼稚園教諭の同程度まで高まるのは、もっと時間がかかっている。

　今のような保育者の社会的評価は、これだけの長い時間がかかって培われたものなのである。本節では取り上げきれなかったが、この変化の陰には、多くの関係者の努力があった。保育者には、保育者の質を高めようとして行われたこのような歴史を自覚し、自らの職業を尊重する気持ちをいっそう高める一助にしてほしいと思う。

［主要参考文献］
日本保育学会『日本幼児保育史』第1巻、フレーベル館、1968年。
阿部智江「明治期における保育者養成」『青山学院女子短期大学紀要』第30号、1976年、69〜84頁。
文部省『幼稚園教育百年史』ひかりのくに、1979年。
志賀智江「明治・大正期におけるキリスト教主義保育者養成」『青山学院女子短期大学総合文化研究所年報』第4号、1996年、67〜82頁。

水野浩志・久保いと・民秋言編『保育者と保育者養成』戦後保育50年史③、栄光教育文化研究所、1997年。
船寄俊雄『近代日本中等教員養成論争史論——「大学における教員養成」原則の歴史的研究』学文社、1998年。
TEES研究会編『「大学における教員養成」の歴史的研究——戦後「教育学部」史研究』学文社、2001年。
田中友恵「明治10〜20年代における見習い方式による保姆養成——愛珠幼稚園の事例を中心に」『上智教育学研究』第17号、上智大学教育学研究会、2003年、34〜46頁。
田中友恵「戦前日本における幼稚園保姆検定制度の確立」『乳幼児教育学研究』第12号、日本乳幼児教育学会、2003年、33〜42頁。
佐野友恵「戦前日本における幼稚園保姆現職研修の歴史的展開」『保育学研究』第43巻第2号、日本保育学会、2005年、80〜87頁。
清水陽子「豊田芙雄と鹿児島女子師範学校附属幼稚園保育見習科に関する一考察」『乳幼児教育学研究』第17号、2008年、29〜38頁。

［注］
(1) 文部省教育調査部「保姆養成施設概況」、1942年（水野浩志・久保いと・民秋言編『保育者と保育者養成』戦後保育50年史③、栄光教育文化研究所、1997年、28〜36頁）。

第2節：保育者の資格とは？——「教諭」と「保育士」

　現在、日本で保育者になるには、幼稚園教諭免許状または保育士資格が必要である。これらの資格はどのような意味を持つものなのか。
　保育者養成校の学生の中には、これらの資格さえ取得できればよい、という者もいる。そのような学生は、養成校から与えられる課題に対して、そのねらいや目標を意識することなく機械的にこなしていくような学習態度になりがちである。しかし、これらの資格は、保育者になるために一定期間、所定の教育課程にもとづいて専門的な知識・技術を学び、保育者としてのふさわしい態度・能力を身に付けて初めて取得するものである。また、保育者に求められる知識・技能・態度等は、ある程度の水準に達したらそれで終わりという性質のものではない。
　よりよい保育者になるためにも、資格の意味を理解しておくことは大事である。ここでは、まず幼稚園教諭免許状を中心にして、資格内容を検討する。次に、幼

稚園教諭免許状および保育士資格の歴史から、両資格の意義を理解する。

1．「幼稚園教諭」という資格が意味するもの

（1）幼稚園教諭免許状の基礎的な資格内容

　第1節で述べたように、幼稚園の保育者は、戦後、「教諭」として位置づけられた。「幼稚園教諭」という資格は、どんな意味をもつのか。以下、幼稚園教諭の資格について取り決めた教育職員免許法・教育職員免許法施行規則にもとづきながら、検討する。

　教育職員免許法には、以下のように書いてある。

> 第1条　この法律は、教育職員の免許に関する基準を定め、教育職員の資質の保持と向上を図ることを目的とする。
> 第3条　教育職員は、この法律により授与する各相当の免許状を有する者でなければならない。［後略］

　これによると、教育職員免許法は、教員の「資質の保持と向上を図る」ための基準を定めた法律である。同法の基準に基づく免許状を有する者しか、教員にはなれない。また、教員免許は、教員になるために必要な証明であると同時に、教員の資質の保持・向上を図ることを目的とするものである。

　教員免許状には種類がある。まず、学校ごとに分類すると、小学校、中学校、高等学校、中等教育学校、特別支援学校、幼稚園の6種類がある。次に、役割ごとに分類すると、教諭、助教諭、養護教諭、養護助教諭、栄養教諭、講師の6種類がある。なお、このほかに主幹教諭・指導教諭という役割があるが、この2つには特に免許は設定されていない。さらに、等級ごとに分類すると、普通免許状（専修・一種・二種）、特別免許状、臨時免許状の3（5）種類がある。普通免許状は、大学を卒業して取得する免許状であり、大半の現職教員が持っているものである。特別免許状は、有識者や教育経験者を教員に採用するために使われる免許状である。臨時免許状は、普通免許状取得者を採用できないときに限って出される免許状であり、短大卒以上の学歴が必要とされる（助教諭になる）。以上の

ような分類が組み合わされて、「幼稚園 教諭 二種免許状」や「栄養教諭 二種免許状」などの免許状となるのである。

　免許状授与には、次の3つの要件を満たす必要がある。第1には、「基礎資格」である。基礎資格とは学位のことであり、二種免許状は「短期大学士」（短大卒）、一種免許状は「学士」（四大卒）、専修免許状は「修士」（大学院修士課程・博士前期課程修了）が必要である。すなわち、二種免許状は短大卒業に必要な62単位以上の取得、一種免許状は四大卒業に必要な124単位以上の取得、専修免許状は四大を卒業して入学する大学院修了に必要な30単位以上の取得を基礎資格としているのである。

　免許状授与の要件の第2は、「大学・養成機関が免許状取得のために定めた必要単位の取得」（または教育職員検定の合格）である。すなわち、いわゆる「教職科目」の単位取得である。これについては、次項で述べる。

　第3は、以下のことに該当しないことである。

1．18歳未満の者
2．高等学校を卒業しない者（通常の課程以外の課程におけるこれに相当するものを修了しない者を含む。）。ただし、文部科学大臣において高等学校を卒業した者と同等以上の資格を有すると認めた者を除く。
3．成年被後見人又は被保佐人[2]
4．禁錮以上の刑に処せられた者
5．第10条第1項第2号又は第3号に該当することにより免許状がその効力を失い、当該失効の日から3年を経過しない者
6．第11条第1項から第3項までの規定により免許状取上げの処分を受け、当該処分の日から3年を経過しない者
7．日本国憲法施行の日以後において、日本国憲法又はその下に成立した政府を暴力で破壊することを主張する政党その他の団体を結成し、又はこれに加入した者

　これによると、教員免許の取得には、次のことが求められている。すなわち、①18歳以上であり、②高等学校卒業程度の学力を有し、③常に物事を十分に判

断することができ、④重大な犯罪を犯しておらず[3]、⑤懲戒免職や分限免職によって教員免許を失効しておらず、⑥教職にふさわしくない非行などによって免許状を取り上げられておらず、⑦暴力的な反政府的活動に関わっていないことである。

（2）教職科目から見た資格内容

次に、大学において単位を取得しなければならない「教職科目」から、主に教育職員免許法施行規則を用いて、保育者志望者が学習しなくてはならない内容を検討する。必修科目・単位は、幼稚園教諭に求められる資質内容とその重要度を指し示す。

幼稚園教諭二種免許状の場合、基本的な授与要件として、短期大学卒業（またはそれに相当する資格）と、教養科目8単位・専門科目31単位（教科関係科目4単位・教職関係科目27単位）の取得が必要である。取得の必要な教養科目は、「日本国憲法」（2単位）、「体育」（2単位）、「外国語コミュニケーション」（2単位）、「情報機器の操作」（2単位）である。取得の必要な教科関係科目は、小学校の国語・算数・生活・音楽・図画工作・体育科に関する科目である。

幼稚園教諭二種免許状を短大で取得する場合、単位数によれば、教養科目よりも専門科目の方が単位数が多く、教科関係科目よりも教職関係科目の方が単位数が多い。教職関係科目とは、「教職の意義等に関する科目」（2単位）、「教育の基礎理論に関する科目」（4単位）、「教育課程及び指導法に関する科目」（12単位）、「生徒指導、教育相談及び進路指導等に関する科目」（2単位）、「教育実習」（5単位）、「教職実践演習」（2単位）の6種類である。「教育課程及び指導法に関する科目」が最も単位数が多い。

「教職の意義等に関する科目」の内容は、教職の意義、教員の役割、職務内容（研修・服務・身分保障等について）、教職に就くかどうか考えるような進路選択機会の提供を含む。「教育の基礎理論に関する科目」の内容は、教育の理念・歴史・思想、子ども（障がい児も含む）の発達・学習過程、教育に関する社会・制度・経営的事項を含む。「教育課程及び指導法に関する科目」の内容は、教育課程の意義・編制方法、保育内容の指導法、教育の方法・技術（情報機器や教材の活用を含む）を含む[4]。「生徒指導、教育相談及び進路指導等に関する科目」の

内容は、生徒指導・教育相談・進路指導の理論・方法を含む。「教育実習」の内容は、幼稚園（または小学校でも可）での実習、かつ実習事前・事後指導を含む。「教職実践演習」の内容は、これまでの教科・教職科目の履修状況を踏まえて、教員として必要な知識技能を取得したことを確認することである。

　幼稚園教諭免許状の取得には、以上のような要件・単位をそろえなければならない。同免許状は、短大卒以上の学力と、必要な教職・教科・教養科目の単位として認定されるほどの専門的な学習をしたことを示すものなのである。

（3）幼稚園教諭免許と保育士資格との資格内容の違い

　幼稚園教諭免許状は、保育士資格とどのように違うのだろうか。概略を説明すると、次のようになる。まず第1に、保育士は学位を必要としないが幼稚園教諭は学位を必要とする。これは、幼稚園教諭には、専門的な知識・技術だけでなく、大学卒業のために必要な様々な科目を履修して、幅広い人間性を備えることが求められていることを意味する。

　第2には、保育士は日本国憲法や情報機器などの単位を必ずしも必要としないが（必修教養科目10単位のうち、外国語2単位と体育2単位のみ指定、残り6単位は任意の科目）、幼稚園教諭はそれらの単位を必要とする。幼稚園は教育基本法・学校教育法に基づく学校の一種であり、教育基本法・学校教育法は日本国憲法の精神を実現させるための法律である。そのため、幼稚園教育には日本国憲法の理解を不可欠とするのである。パソコンなどの情報機器についても、現在利用しない幼稚園は皆無であり、事務処理・教材開発などにその操作は不可欠である。

　第3には、保育士は「福祉」（または保護＋養育という意味の「保育」）の理論の理解を必要とするが、幼稚園教諭は「教育」の理論と「教員」としての職務とを理解する必要がある。保育士の必修科目にも「教育原理」2単位が設定されているが、幼稚園教諭の教育理論・方法・内容に関する単位数はその比ではない。

　第4には、保育士は乳児保育・保護者支援・保健・養護などの理論や方法などを学ぶ必要があるが、幼稚園教諭は必ずしも学ぶようにはなっていない。保育所は、2歳児以下の乳幼児も保育・養護し、乳幼児の保育だけでなく保護者の支援も目的に掲げているため、これらの理論・方法を必要とする。幼保一体化時代の今、幼稚園教諭にもこれらの学習が必要となってきている。

２．「幼稚園教諭免許状」と「保育士資格」

（１）幼稚園「保姆」免許状の誕生

　以上確認したように、幼稚園教諭免許状は、大学で所定の単位を取得して卒業することを必要とする資格であり、小学校教諭免許状等とは一応区別された専門の免許状である。ただ、この養成程度や専門的区別は、歴史を見ると当たり前のことではなかった。

　幼稚園保姆資格の全国的基準が初めて明示されたのは、明治24（1891）年の文部省令第18号による。これにより、幼稚園保姆の資格は、①小学校教員の資格を有する女子、または②保姆たり得るとして府県知事の免許を得た女子のいずれかと定められた。このうち、①は、明治33（1900）年の小学校令施行規則によって、尋常小学校本科正教員または准教員の資格を有する女子、として改定されている。幼稚園保姆の資格程度は、尋常小学校准教員（補助教員）程度と位置づけられたのである[5]。尋常小学校准教員免許状は比較的容易に取得できたため、幼稚園保姆の人数を確保する上では便利であったが、その資質程度を考えると問題であった。また、そもそも幼稚園保姆の資格が小学校教員の資格と同一視され、保姆の専門性は認められていなかったのである。

　明治44（1911）年、小学校令施行規則の改定により、保姆の免許を得るには検定試験に合格する必要があることが明文化され、保姆資格の基準化が始まった。ただ、このときにはまだ、検定制度の内実は府県知事の裁量にゆだねられていたため全国的基準ではなかった。大正15（1926）年、幼稚園令に「保姆ハ女子ニシテ保姆免許状ヲ有スル者タルベシ」と定められた。幼稚園令では、幼稚園の目的が、「幼児ヲ保育シテ、其ノ心身ヲ健全ニ発達セシメ、善良ナル性情ヲ涵養シ、家庭教育ヲ補フ」と定められた。この時、幼稚園保姆免許状は、心身の健全発達、善良な性情の涵養、家庭教育の補助のために幼児を保育する専門的資格となったのである。

　大正15年公布の幼稚園令施行規則には、幼稚園での保育経験が検定資格として一部挙げられた。保姆資格の程度が、従来の尋常小学校准教員程度から尋常小学校本科正教員程度に高められたが、小学校教員資格は幼稚園保姆資格として依然

有効であった。保姆の専門性は、徐々に認められつつあったものの、いまだ小学校教員のそれと明確に区別されてはいなかった。

（2）幼稚園「教諭」免許状の誕生と普及

　昭和24（1949）年、教育職員免許法が制定された。これにより、幼稚園保姆免許状は、「幼稚園教諭免許状」に移行することになった。幼稚園保姆は幼稚園教員となり、大学において養成され、従来より資格の程度を上げることになった。ただし、実際のところ、大学の幼稚園教諭養成課程は、小学校教員養成課程に併設するか、小学校教員免許状関係の履修単位（実習単位含む）を振り替えざるを得なかった。そのため、教育職員免許法制定直後に、幼稚園教員の資格が実質的に専門化されたとは言いにくい。なお、旧保姆免許状は「幼稚園教諭仮免許状」となり、再教育・認定講習を経て、幼稚園教諭免許状へ移行した。

　戦後、幼稚園の数は急増していく。昭和21（1946）年に1,303園であったが、昭和45（1970）年には10,796園に達した。園数が増加すると、当然、幼稚園教員の需要も高まる。幼稚園教員養成の認定を受けた大学数は、昭和29（1954）年には64校だったが、昭和50（1975）年には296校にまで増加した。幼稚園教諭免許状取得者数も増加し、昭和41年度には10,823人が取得していたが、昭和50年度には43,563人が取得している。

　このように免許状取得者が増えてくると、全教員数における免許状所有率も高まっていく。免許状所有率は、昭和43（1968）年度には78.8％（全教員数54,373人中42,831人）であったが、昭和46（1971）年度に97.0％（全教員数65,509人中63,518人）まで高まった。なお、この幼稚園教員の免許状所有者の大半は、二級免許状（今でいう二種）所有者であった。昭和46年度には、二級免許状所有者数は51,711人（全体の81.4％）であった。

　1950年代末頃には、有資格教員数がある程度確保されるようになったため、次第に教員の質へ注目が集まった。幼稚園教員については、昭和37（1962）年以降、指導技術の充実向上を図るため、助教諭対象のものを中心に幼稚園実技講習会が開かれていく。また、昭和39（1964）年の幼稚園教育要領の改訂・施行を受けて、昭和42（1967）年度から幼稚園教育課程都道府県研究集会（幼稚園教育課程研究発表大会）が開催され、幼稚園教員の指導計画の作成能力や指導力の向上が図ら

れた。昭和47（1972）年には、4年制大学卒業者の割合を増やす必要性が指摘されたが、現在でも実現していない。

　1980年代末頃になると、教員免許制度の改革がなされ、幼稚園教諭免許もその対象となった。昭和63（1988）年、教育職員免許法改正により、従来の普通免許状における一級・二級の区分が、専修・一種・二種の区分へと換えられた。この改正のねらいは、教員養成課程において教科・教職の基礎的内容、教養、実践的指導力の基礎を身に付けること、および大学院修士課程を教員免許制度に位置づけること、短期大学が教員養成に果たしている役割を認めつつ免許状上進の必要性を示すことなどであった。また、同年の教育公務員特例法改正によって、初任者研修制度が創設されている。

（3）保育士資格の誕生

　以上、幼稚園教諭免許状の変遷を見てきたが、保育士資格はどのように変遷してきたのか。現在、保育士資格は国家資格であり、取得には養成校の所定の単位を必要とする。しかし、このような資格程度・要件が、昔から当たり前にあったわけではない。

　戦前において保育所にあたる施設は、託児所であった。託児所は幼児保育の施設として、なかなか法制化されなかった。たとえば、先述の通り、大正15年の幼稚園令では保姆免許状の検定資格として数年以上の保育経験が認められたが、託児所での保育経験はそれに適用されなかった。戦前のほとんどの託児所保姆は、無資格状態で働いていた。昭和5（1930）年、全国児童保護事業大会によって託児所令案が提案され、その中で「保育婦」の必要性が主張された。昭和13（1938）年、社会事業法の制定により、託児所は社会事業施設に位置づけられたが、依然、託児所保姆の資格については不問に付されたままであった。

　戦中期以降、軍人遺族・勤労婦人や戦災孤児の増加により保育所・託児所の需要は急激に高まり、昭和25（1950）年には常設施設3,684ヶ所まで増加した。以後も保育所はさらに増え、昭和31（1956）年には8,749ヶ所に達した。昭和23（1948）年、児童福祉法によって、託児所は保育所と名称変更した。児童福祉法施行令によって、保育所保姆の資格も定められた。保育所保姆の資格は、①厚生大臣指定養成校の卒業、②保母試験の合格、③児童福祉事業へ5年以上従事したこと

を厚生大臣が認定すること、のいずれかであった。制度発足当初、保母資格を取得する者のほとんどは、保母試験の合格者であった（昭和25年度には全取得者数5,334人のうちの5,133人（96.2％））。その後、次第に保母養成施設の卒業生が増加していく。昭和35（1960）年度には、保母試験合格者数3,577人に対して保母養成施設卒業生数2,320人（39.3％）に及んだ。

　戦後、保育所は急増し、昭和51（1976）年度には保育所数19,054ヶ所、入所児童数173万7,202人に達した。保母や管理職の資質向上等が、保育所の改善充実を図るために問題化し、その中で男性の保育職員の役割にも注目が集まった。そして、男性の保育参加が乳幼児の心身の健全な発達を図るため、男性に保育職員への途を開く必要がある、という主張が起こったのである。昭和52（1977）年、児童福祉法施行令の改正により、保母資格を男子にも準用することになった。以後、男性保育職員は少しずつ増加したが、依然、児童福祉施設で幼児の保育をする職名は「保母」であった。男女共同参画社会を目指す中、この状態は問題視され、「保母」資格名を改称することになった。平成10（1998）年、児童福祉法施行令の改正により、「保母」資格の名称は「保育士」に改称された。

　1990年代以降、少子化対策が積極化するにつれて、保育所保母の資質向上の必要性は従来以上に高まっていった。その結果、平成13（2001）年、児童福祉法の改正により、保育士資格が従来の任用資格から国家資格となった。厚生労働省の趣旨説明によると、保育士資格の国家資格化は、地域の子育ての中核を担う専門職として位置づける等のために行われた。これに伴って、保育士養成施設は厚生労働大臣による養成課程の検査・指導を受けることになり、それによって保育士資格の質の維持・向上を図ることになった。

　幼保一体化の進む現代日本において、確かな保育をしようと思えば、保育者は幼稚園教諭免許状と保育士資格とを両方取得し、幼稚園教諭と保育士の両面を備えることが必要となる。もしそうであるならば、今必要とされる「保育者」とは、保育士のように養護や乳児保育に関する確かな知識・技術を有し、幼稚園教諭のように豊かな人間性と幼児教育に関する確かな知識・技術を備えた専門職業者であろう。

[主要参考文献]
日本保育学会『日本幼児保育史』第4巻、フレーベル館、1971年。
日本保育学会『日本幼児保育史』第5巻、フレーベル館、1974年。
日本保育学会『日本幼児保育史』第6巻、フレーベル館、1975年。
文部省『幼稚園教育百年史』ひかりのくに、1979年。
水野浩志・久保いと・民秋言編『保育者と保育者養成』戦後保育50年史③、栄光教育文化研究所、1997年。
田中友恵「戦前日本における幼稚園保姆検定制度の確立」『乳幼児教育学研究』第12号、日本乳幼児教育学会、2003年、33〜42頁。
佐野友恵「明治期における幼稚園保姆検定に関する考察」『幼児教育史研究』創刊号、幼児教育史学会、2006年、37〜45頁。
榎田二三子・大沼良子・増田時枝編『シードブック保育者論』建帛社、2009年。

［注］
(2) 成年被後見人とは精神上の障がいによって判断能力を常に欠くとして、後見（親権者のない制限行為能力者を保護する）開始の審判を受けた者。被保佐人とは著しく不十分であるとして、保佐（制限行為能力者を助ける）開始の審判を受けた者。
(3) 刑罰には、科料→拘留→罰金→禁錮→懲役→死刑の順に重くなる。すなわち、禁錮以上の刑に処された者というのは、禁錮・懲役（・死刑）に処された者である。禁錮は死傷者を出す交通事故で処される場合もあるし、懲役は窃盗などで起訴されることで処される場合もある。
(4) 小学校以上の場合は、保育内容の指導法に代えて、各教科の指導法、道徳指導法、特別活動指導法を含むことになる。
(5) 明治33年当時の小学校教員の免許は、小学校本科正教員・尋常小学校本科正教員・小学校専科正教員・小学校准教員・尋常小学校准教員に分けられていた（明治33年時点）。冒頭に「尋常」のついていない小学校本科正教員・小学校専科正教員・小学校准教員は、高等小学校（現在の小学校高学年〜中学校2年生程度）・尋常小学校（現在の小学校中学年まで）両方で教鞭を執ることができるが、「尋常」のついている尋常小学校本科正教員・尋常小学校准教員は、尋常小学校でしか教鞭を執ることができない。なお、「本科」がついている教員は全教科を教えることができ、「専科」がついている教員は特定の教科しか教えることができない。「正教員」は正規の教員として自分で授業することができるが、「准教員」は正教員の補助をすることしか原則的にはできないことになっていた。

第3節：保育者の資質とは？——保育者論の系譜

　本節では、東京女子高等師範学校附属幼稚園の関係者の論を事例として、明治後期の保育者論の歴史的意義を明らかにすることを目指す。明治後期は、少しずつ定着し始めた保育の実際に基づいて、翻訳に止まらない保育研究が始まった時期である。

　先述の通り、明治後期の時点で、幼稚園保姆が専門的職業として確立していたとは言い難い。しかし、東基吉の論に見られるように、小学校教員や子守とは異なる保育者独自の専門性が強調され始めたのもこの時期である。明治後期は、保育者の専門性という観点から、その内実を論じ始める保育者論の勃興期とも考えられる。

　このような明治後期において、保育者のあり方はどのように論じられたか。本節では、明治後期における代表的な保育者論として、当時の保育理論・実践を先導していた東京女子高等師範学校附属幼稚園関係者たちの保育者論に注目する。具体的には、東京女子高等師範学校附属幼稚園の主事であった中村五六、同校初代幼稚園批評掛であった東基吉、同校教員として保育実習科を担当した和田実、中村・東・和田の保育理論を継承して後に自らの保育理論を打ち立てていった倉橋惣三、以上4名の保育者論を取り上げる。

1．中村五六の保育者論

（1）日本の保育理論の基盤をつくった中村五六

　中村五六（1861〜1946）は、明治23（1890）年〜明治28（1895）年および明治31（1898）年〜明治42（1909）年の間に、女子高等師範学校（東京女子高等師範学校）附属幼稚園主事を務めた人物である。中村は、明治25年設置の女高師附属幼稚園分室に深く関わり、簡易幼稚園を普及させるため、保育研究と保育者養成とに取り組んだ。明治26（1893）年3月に女高師附属幼稚園規則の全面改定にも関わり、本園と分室と

女高師附属幼稚園
主事
中村五六
（1861〜1946）

の制度的整合を図った。これは、明治32年6月公布の幼稚園保育及設備規程にも影響を与えた。また、恩物使用の連続化・簡略化を意図した改良積木の提案や、幼児の興味と自発性とを尊重するために恩物の名称を変更するなどして、後の東基吉による恩物批判と幼児の自己活動を尊重した保育理論の基盤をつくった。

女高師教員時代の中村の保育者論をうかがえるまとまった著書は、『幼稚園摘葉』（明治26（1893）年）、『育児学講義』（明治34（1901）年）、『保育法』（明治39（1906）年）、『実用児童学講義』（明治41（1908）年）、『幼児教育法』（和田実と共著、明治41（1908）年）がある。このうち『幼稚園摘葉』は、「幼児の発達に即し、地域の実態に応じながら、できるだけ幼児の興味や関心・要求を重んじ、自発的に活動させ遊ばせながら知的・身体的・道徳的発達を促すよう誘導していく」というフレーベルの保育原理に準拠しつつ、次のような幼稚園教育理論を打ち立てようとした著作であった[6]。

（2）改良進歩の主体としての保育者

明治後期の代表的保育者論の基礎として、中村五六『幼稚園摘葉』の第15章「幼稚園設置ノ梗概下」における幼稚園保姆の資格論を見てみよう。ここでは、幼稚園施設・設備は完備されても、保姆にその人を得ない時はむしろ害を招くとして、幼稚園保姆の資格について、以下の6点にまとめて述べられた。

まず第1に、その任務に終始堪えうる身体の健康である。幼稚園教育は常に著しい困難を伴うため、身体虚弱の場合、本人が苦痛を感じることになる。第2に、深厚な道徳を有し、快活であり、立ち振る舞いや言葉遣い、顔色・体容に至るまで「優良爽快ノ風采」を備えていることである。これは、幼児が極めて感化を受けやすいために必要である。第3に、揺るがず偏りのない思想を有し、「真ニ幼児ヲ愛スルノ至情」と、楽しんで事に当たる「熱心」とを有することである。誠心より進んで事を為さなくては、教育効果を上げられないため、「愛情」と「熱心」とはとくに必要である。第4に、普通の学識はもちろん、教育学に通じ、「幼稚教育ノ理論」に明達し[7]、それを「自ラ改良スルノ気力」を有することである。幼稚園の事業は、時世に従って改進すべきものであるから、精神を活発にして世の進歩とともに「自ラ新ナルコト」が必要である。第5に、特別な訓練を受け、保育実地の方法に熟練することである。これは、幼稚園教育は、実行する方法を

欠いてはならないからである。「当務者」は、この幼稚園教育の趣旨を体現し、実地において方法を適宜取捨折衷しなければならない[8]。第6に、現代社会の事情に通じ、幼児の父母兄弟を応接する才幹をそなえることである。これは、幼稚園と家庭との育児方針を一致させ、相互に助け合うために幼稚園教育の方法について説明する必要があるからである。なお、以上のような資格を有する者は実際のところ得難いため、性質優良かつ熱心に研究する意欲を持ち、上達の可能性ある者を採用して、各自に研修を重ねることこそ、目下の急務である。

　以上のように、『幼稚園摘葉』によると、幼稚園保姆の資格として次のものが挙げられた。すなわち、①保姆業務に堪えうる身体の健康、②幼児の感化モデルとしての道徳的態度、③幼児に対する愛情と保姆の業務に対する熱心、④普通学・教育学・幼稚園教育理論に関する学識とそれらを改良しようとする意欲・態度、⑤実際的な保育方法の熟練、⑥現代社会への理解に基づく幼児の保護者とのコミュニケーションに関する才幹、である。ここで注目したいのは、保姆がこれらの資格を最初から身につけていて当然とは捉えられていない点である。中村は、保姆養成を軽視したわけではない。しかし、これらの資格は、性質のよさと研究に対する熱心さとを基盤として、保姆就職後に研修によって身につけるべきとされた。これは幼稚園の不十分な実情を考慮した妥協論とも見受けられるが、保姆の資格を実現する方法として、不可欠の位置にある。

　中村は、東京女子師範学校着任直後から、保姆の資質向上を幼稚園教育の発展のための最重要課題とし、子どもとのかかわりを通じて実践的研究を進めたフレーベルのあり方に保育者の理想像を重ね、保育者自らが改良進歩を図ることを求めて保育者養成に従事している。フレーベルを理想として、改良進歩の主体としての保育者像が導かれている点は興味深い。

2．東基吉の保育者論

（1）自主的活動としての遊戯を具体化した東基吉

　東基吉（1872〜1958）は、中村五六に保育の学問的研究を担う人材として見出され、明治33（1900）年に女子高等師範学校助教授兼幼稚園批評掛に着任し、明治41（1908）年まで同校に在職した人物である。フレーベル会機関誌『婦人と子

女高師幼稚園批評掛
東 基吉
（1872～1958）

ども』の初代編集者となり、様々な保育情報の発信者として活躍した。女高師離職後は各地で師範学校長などを務め、幼児教育から遠ざかった。

　東は、子どもの遊びに注目し、形式的恩物主義保育から、幼児の自主的活動を中心とした保育への転換を訴え、具体的に遊戯論を展開した。東は、中村五六と同時代人であり、かつ保育理論構築の協力者であった。そのため、東の保育理論と中村のそれとの間には共通点が多いが、相違点も少なくない。東の保育思想に関する代表的な編著作には、『幼稚園唱歌』（発案、明治34（1901）年）、『幼稚園保育法』（明治37（1904）年）、『家庭童話母のみやげ』（編、明治38（1905）年）、『教育童話子どもの楽園』（編、明治40（1907）年）、『保育法教科書』（明治43（1910）年）がある。このうち、女高師教員時代の東の保育理論書には、『幼稚園保育法』が挙げられる。同著は、当時の海外での新教育運動の理論的動向を消化し、日本の幼稚園保育の現実と結びつけて理論化した著作と評価されている。

　東の保育理論は、幼稚園と家庭との関係づけを強化し、かつ保育4項目の内容論を充実させることで、子ども中心保育の理論的・実践的基礎を提供した。そこには、遊戯論の体系性や保育法の理論的整合性などに問題を残していたが、中村の保育理論よりも一層具体化を図り、日本の幼稚園保育のあり方を模索していた。

（2）保育者の専門的知識・技能と道徳的性格

　本節では、東基吉の保育者論の基本的骨格を明らかにするために、『幼稚園保育法』の第13章「保育者の資格」の内容を検討する。ここでは、保育者に必要な資格として、大きく「教育の専門的知識と技能」と「道徳的性格」との2つが、次の理由から挙げられた。まず、教育の専門的知識・技能が挙げられたのは、職業に従事するにあたってその職業に関する知識・技能が必要なように、保育に従事するにも保育職に関する知識・技能が必要だからである。道徳的性格が挙げられたのは、幼児を指導して将来確固たる道徳的品性を得る素地を養うためには、専門的知識・技能だけでは十分ではなく、健全な道徳的性格によって幼児を薫陶感化しなくてはならないからである。この基本的姿勢に基づき、それぞれについ

て以下のように述べられた。

「教育の専門的知識と技能」として保育者に必要な資格は、まず第1に教育学に精通することである。幼児保育は教育の一部であり、その理論・方法等は教育学から導かれる。また、教育は幼年から大人に至るまで連続し、前時期の教育は後時期の教育の予備として連関するものである。そのため、保育者は教育学を研究して、一般教育の目的に関する明瞭な概念を得ると同時に、その方法について精確な知識を有する必要がある。それは、保育理論・方法を理解し、幼児期の教育とそれ以後の教育との連関を考慮することにつながる。

第2には、心理学・生理学・衛生学の知識に通じることである。これらの学問は、教育学の補助学科である。心理学は人間の心意状態とその発達の法則を示し、生理学は身体諸器官の状態とその発達の法則を示し、衛生学は身体の健全を促進・保持する方法を示す。これらは、教育を実行する上で必要な知識であり、最も旺盛な心身発達が見られるのが幼児期の特性であるから、その自然な発達に適応する方法を講ずるために必要である。とくに児童心理学の研究は、怠ってはならない。

第3には、保育の学理・技能に精通することである。教育学は、とくに小学校教育に言及するが、幼稚園保育にはまれにしか言及しない。そのため、保育者は、とくに保育学を研究する必要がある。また、保育者であるには、保育学の知識だけでは十分ではなく、それを実際に活用しうる技能が必要である。必ず実地の術を練習し、学理を実地に応用する技能を有する必要がある。

次に、「道徳的性格」として保育者に必要な主な資格は、まず第1に愛情に富むことである。日々の保育業務は煩雑であり、幼児に対する愛情を欠いて冷酷に陥れば、幼児の円満な心情の育成を阻害してしまう。また、頑強・執拗で教育しにくい幼児の性癖を改めるには、熱心な愛情が必要である。愛情は、「幼児保育の唯一の秘訣」である。

第2に、鞏固な意志と威厳とを有することである。愛情のみだと「姑息の愛」に陥ってしまう。そのため、保育者は、一方では「慈母」のように幼児を愛し、他方では「厳父」のように一貫した方針の下に幼児を指導する必要がある。

第3に、職務に熱心なことである。保育は困難な業務であり、その結果を将来に期さなくてはならないため、保育者には熱心さがとくに必要である。

第4に、「自己修養の徳」を備えることである。保育者は、愛情・「信切」・克己・忍耐・誠実・沈着・謙遜・公平などの諸徳を当然必要とする。しかし、これらの道徳は、常人には理想上のものである。そのため、進んで諸徳の養成に務め、絶えず自ら修養してこの理想に到達しようとする奮発心を必要とする。とくに、幼児を指導して、身を以て幼児の実例・模範となるべき保育者には、この自己修養の徳こそ「最も必要の性格」である。

　また、「其他」として、「理科文学上諸般の智識に通じ、其思想を豊富ならしむること」を「極めて必要」と強調している。その方法として「読書の嗜好」を養成するよう求めた。なお、智識は、問いたがる子どもに対応じて理科・文学等の真理を「子供っぽく表出する技能」のために必要だという[9]。

　以上のように、東は、保育者の資質を、教育の専門的知識・技能（①教育学、②心理学・生理学・衛生学、③保育の学理・技能）と道徳的性格（①慈母的愛情、②厳父的意志・威厳、③職務に対する熱心、④自己修養の態度）とに整理した。東においても、保育者の資質は、現職における学習・研究・修養によって獲得・練習すべきものとして捉えられた。とくに、現職研修・自己修養を重視する観点は、東において最重要資格として位置づけられた。また、読書を、子どもとのかかわりに必要な理科・文学等の知識を得る方法として挙げたことも注目に値する。

3．和田実の保育者論

（1）幼児教育法を体系化した和田実

　和田実（1876〜1954）は、明治39（1906）年に東京女子高等師範学校講師（翌年助教授）に着任し、以後保育実習科の授業を担当しつつ、同年よりフレーベル会機関誌『婦人と子ども』の編集をしていた人物である。なお、大正4（1915）年8月の東京女高師退職後、同年11月に目白幼稚園を創立、昭和5（1930）年には目白幼稚園保育養成所を創立した。ここでは、明治末期において中村・東の後を受けて保育理論を研究し、後の倉橋惣三へ影響を与えた履歴にとくに着目したい。

　和田の代表的な著作には、『幼児教育法』（中村五六との共

東京女高師助教授
和田　実
（1876〜1954）

著、明治41(1908)年)、『実験保育学』(昭和7 (1932) 年)、『保育学』(昭和18年)がある。明治期の和田の保育思想がうかがえる著書としては、『幼児教育法』が挙げられる。『幼児教育法』の理論内容については、①科学的研究による幼児教育学の確立への志向、②大人の生活を展望した上での幼児の生活の構造的把握、③幼児の活動の遊戯的性格の指摘、④基本的習慣の形成法への着目、⑤保育4項目から習慣・遊戯への幼児教育の視点移動、⑥将来の人間生活にむけた遊戯の発展的構造（経験的→模倣的→練習的遊戯）とそれに基づく誘導論、⑦観察を基礎とする遊戯論、⑧恩物主義克服を目指した手工における恩物の位置づけ、といった特徴が挙げられている。

なお『幼児教育法』は、中村と和田との共著であるが、「ほとんどが和田の筆になるもの」とされ、「日本の子どもの生活のにおいのするはじめての幼児教育論」と評されている[10]。『幼児教育法』の理論内容は、中村の保育論説を取り入れつつ、和田が自身の観点から論じ直したものとして考えられる。

（2）「幼児教育法」と「教育的精神」

明治後期における和田の主著『幼児教育法』は、保育者を主題とした章節を設けていない。同著の出版のねらいは、幼稚園保姆を含めた「一般の教育家」に向けて、幼児教育法に関する研究結果を「教育方法学書」として発表し、その批評を受けて意見交換して「学問の進歩」を計ることにあった。ただ、本文中には、保育者のあり方について言及した部分も見られる。ここでは、『幼児教育法』に部分的に見られる保育者論を整理しておこう。

『幼児教育法』では、「幼児教育法」とは「改良せられたる幼稚園保育法」であり、賢母としての準備として主婦が必ず学ぶべき「狭義における家庭教育」の方法原理であると定義し、これと区別して「保育法」を「特に幼稚園時代の教育のために組織された特殊の理論」として批判対象とした。そして、同著本論内では、「保育者」の代わりに「幼児教育者」という言葉が頻繁に使われている。つまり、和田の「幼児教育者」論は、幼稚園保姆に限らず、家庭において幼児を教育する母親をも含む論である。

幼児教育の目的は、「幼児の身心をして健全なる発達を遂げしむること」と「其習慣的行動をして善良ならしむること」との2項にまとめられる。幼児教育者は、

幼児の現在の興味を基礎として遊ばせるうちに、先達として感化誘導することによってこの目的を達しなければならない。そのために、幼児教育者は、単なる「子守女」とは異なる「専門の教育家」として、被教育者に関する明瞭な「予定の見解」を有して幼児の遊戯を方向づけるために、「幼児をして如何に完全に遊ばしむ可きか」や「其習慣は如何様に躾く可きか」等について、常に積極的に「予案」を立てるのである。

　和田は本書において幼児教育法を論じたが、本書の結論によると、「本書論述する所の幼児教育法は単に完全なる教育者たるもの、形式的資格を研究したに過ぎぬ」のであり、「完全なる幼児教育者」たるには「教育的精神」が必要であると述べた。「教育的精神」とは、「教育者其人の人格より流露する向上的積極的英気」であり、「感化の本体であり原泉となるもの」であり、この精神を欠けばどんな設備・言説も畢竟無意味となる。それは、技術の巧みさよりも教育効果を高める可能性を有した、真面目・熱心・親切に子どもを愛する「精神的意気」である。活動に精神あらしむるのが遊戯である限り、その遊戯によって幼児が発達する幼児教育においては、この「教育的精神」は特に重要となる。

　以上の通り、和田のいう「幼児教育者」の資格は、大きく「幼児教育法」と「教育的精神」とに分けられる。両者の関係は定かでない。幼児教育法論に比べて、「教育的精神」論は明らかに展開不足であった。中村や東も、「教育的精神」にあたる熱心・愛情などについて十分論じたとは言えない。和田の「幼児教育者」論は、習得すべき専門的方法・技術を中心に展開し、保育者の専門性を根拠づける一方で、その精神的資格論は未だ課題として残していた。

　なお、中村・東において最重要視された保育改良・研究の態度は、『幼児教育法』の文章上ではあまり強調されていない。しかし、和田は『幼児教育法』に対する教育家（保姆を含む）の批評によって、幼児教育法が改良・研究されることを期した。改めて論じてはいないが、和田が『幼児教育法』を出版したことそのものに、保育者による保育改良・研究を重視する意図が込められていたと思われる。

4．倉橋惣三の保育者論への影響

（1）倉橋惣三の保育思想の概要

　倉橋惣三（1882～1955）は、明治43（1910）年に東京女子高等師範学校嘱託講師を命じられ、児童心理学の講義を担当していた人物である[11]。倉橋は、和田が担当していた『婦人と子ども』の編集に明治44（1911）年から加わり、翌明治45（1912）年には和田に代わって編集兼発行者となった。大正6（1917）年、東京女高師教授兼附属幼稚園主事に着任し、以後さらに幼児教育の改善に努めた。大正8（1919）年から11（1922）年にかけての在外研究を経て以降は、家庭教育・児童保護・児童文化に対する問題関心を深め、帰国後積極的な言論活動を行った。また、幼児教育理論の体系化を進め、昭和9（1934）年には主著『幼稚園保育法真諦』を出版した。戦後に至ると、昭和21（1946）年に教育刷新委員会の委員に任命され、学校教育法における幼稚園の位置づけに貢献した。

東京女高師
附属幼稚園主事
倉橋惣三
（1882～1955）

　倉橋の著作には、『幼稚園雑草』（大正15（1926）年）、「就学前の教育」（『教育科学』岩波講座第1冊所収、昭和6（1931）年）、『農繁託児所の経営』（緋田工と共著、昭和7（1932）年）、『幼稚園保育法真諦』（昭和9年）、『日本幼稚園史』（新庄よし子と共著、昭和9年）、『児童保護問題』（昭和10（1935）年）、『玩具教育篇』（玩具叢書第7巻、昭和10年）、『育ての心』（昭和11（1936）年）、『家庭教育の本質と指導の要諦』（昭和11年）、『フレーベル』（大教育家文庫第20巻、昭和14（1939）年）、『若き公民』（昭和23（1948）年）、『子供讃歌』（昭和29（1954）年）などがある。そのほとんどが昭和期のものであり、明治期における倉橋の保育理論をうかがえる資料は、『婦人と子ども』などの雑誌論説に限られる。

　倉橋の保育思想は、先行研究によって様々に検討されてきた。明治・大正・昭和期を通して見た時、倉橋の保育思想は、次のような特徴が指摘された。例えば、①ありのままの一人の人間としての尊厳性に基づいた子ども理解（分解的でなく渾一的把握）、②家庭生活の教育性の肯定、③保育の生活化の徹底、④幼児期の

成長という観点からの保育目的・目標論、⑤自由遊びと保育項目活動との中間的活動としての誘導保育論（自己充実－充実指導－誘導－教導）、⑥生活の中で子どもの興味・活動を一つの主題へと導く系統的保育案の主張、などの特徴が見出せる。

（2）保育者の必要条件と十分条件

　保育者を中心テーマとした倉橋の論説は、例えば明治44年から自ら編集を務めた『婦人と子ども』を見ても、明治期には管見の限り見あたらない。時期の近い大正2（1913）年の『婦人と子ども』第13巻第5号を見ると、巻頭に「保姆論」という論説が掲載された。この論説は後に『幼稚園雑草』に収録されており、倉橋の著述である。この「保姆論」における論は、後々までの倉橋の保育者論を代表するものとして位置づけられている。ここでは、この「保姆論」を用いて、最初期の倉橋の保育者論を整理しておこう。

　大正2（1913）年発表の「保姆論」には、次のように論が展開された。保姆の資格には、「保姆の苦労」に堪え得ること、「保姆の慰労」に満足すること、「保姆の歓喜」を第一の歓喜とすること、の3つの条件が挙げられる。この3条件は、幼児教育の学問上の研究者、事務上の監督者、思想上の奨励者には必ずしも必要ではないかも知れないが、「実際に幼児に接して、直接にその教育の人に当たる人」には不可欠の資格である。この資格なくして保姆になることはその人の苦痛であり、これあって保姆になることはその人を「最幸福な人」にする。

　第1の資格「保姆の苦労」に堪え得ることについては、次のように述べた。保姆は、「物思ひ易い若い年頃の人」が多いが、健康上優れない時も、毎日毎日、同じように機嫌良く子どもと遊び続けなければならない。また、保姆の仕事は、「日々その時々に、之れだけ遊んだから、子供に之れだけ利益があったといふ風の手答へは全くない」のである。さらに、「仕事に無責任な呑気家」でなく「熱心家・誠実家」であればあるほど仕事に手応えが欲しいものであり、とくに若い時はそうである。それでも、「毎日同じように、積木を積んでは崩し、崩しては積んで居る」のが保育の本来の姿であるため、保姆は「疑はず惑はず、急がず焦らず、一貫した努力を以て」毎日の遊びをつづける。その仕事は外面的に気楽に見えるためか、その苦労を察してもらいにくい。このような「保姆の苦労」に堪

え得る性質が、保姆には必要である。

　次に、「保姆の慰労」に満足することについては、次のように述べられた。「真の慰労」は「常に我が個中のもの」であり、「仕事そのものから直接的の慰労を与えらるゝもの」である。「教育者の慰労」はみなこの種のものであり、「教育そのことから生ずる直接的慰労」ほど、教育者を真に慰労し得るものはない。保姆は、現在において「世に最も慰労少なき仕事の一つ」であるが、他方では「人間の中恐らく一番清浄無垢な幼児の心から、清浄無垢の愛を受取り得る」職業である。こういう幼児から、保姆は、「信用と尊敬とを以て深く親しみ慕はるゝこと」によって「人知れぬ慰労」を受け、総ての苦労を忘れうる。このような「個中の真味」を味わうことができた人には、保姆の仕事は楽しく、幸福で、慰労多い仕事である。このような「保姆の慰労」に満足する性質が、保姆には必要である。

　第3の資格「保姆の歓喜」を第一の歓喜とすることについては、次のように述べられた。「保育上何か特別に困難なる幼児」に対し、「特別の苦心、特別の労力」を尽くして多少なりとも結果を得られた時、「非常の大歓喜」を得る。このような歓喜は、結果の大小ではなく、「保姆の熱誠努力そのもの」によって生まれる。「大きい努力から些少の結果を得て、そこに大歓喜を感ずること」は、特殊教育に従事する者の歓喜と似ている。幼児教育は、幼児以降の教育よりも一層世話がやける故に必ず大きな歓喜を得られるはずである。このような「保姆の歓喜」を第一によろこぶ性質が、保姆には必要である。

　以上の3条件は保姆の不可欠な資格であるが、これらだけでは保姆の任務を全うできない。その他に、「保姆のハタラキ」に属する要件（保姆の「素養」「練習」「経験」）が必要である。ただし、これらの要件だけでは「ほんとうの保姆」にはなれない。先述の「人柄」に関する3条件こそ、「ほんとうの保姆」になるための必要条件である。

　以上のように、倉橋は、明治後期において論じ続けられてきた専門的理論・技術を、保姆の任務を全うするための十分条件として位置づけ直した。そして、「保姆の苦労」に堪え、「保姆の慰労」に満足し、「保姆の歓喜」を第一とする人格的資格を重視し、保姆の必要条件として位置づけた。保育者の人格的側面の追求は、中村・東を通じて論じられてきたが、和田において一時棚上げされていた。倉橋は、保育者の人格的資格の追求、すなわち明治末期に残された課題に取り組んだ

といえよう。

　以上、中村五六・東基吉・和田実・倉橋惣三の保育者論を通して、明治後期の保育者論の内実を検討した。明治後期の東京女子高等師範学校附属幼稚園の系譜に連なる保育者論は、中村五六の論を受けた東基吉によって専門化・体系化が試みられ、和田実によって方法・技術面の専門化が進んだ。明治後期の保育者論は、とくに保育理論・方法・技術の習得面に特化される方向へ、展開していったといえる。

　人格的側面については、中村・東の論と倉橋の論は根本的に異なっていた。中村・東は、保育理論や技術を習得し、感化方法としての道徳を修養する条件として論じた。倉橋は、保育自体からくる幸福を保姆自身の幸福へと転換することを最重視し、保姆が保姆として生きていく条件として論じた。

　当時の幼稚園保姆は、もともと女性として低い社会的地位にある上に、素人的子守と同一視され、待遇も低かった。そんな現実の中で彼女たちは、保姆として如何に生きるべきか、考えざるを得なかっただろう。大正期には、倉橋が、保育そのものに由来する幸福をその拠り所として「ほんとうの保姆」像を提示していった。明治後期の保育者論は、保姆としての拠り所を主に専門的理論・技術に求め、それによって専門的職業としての保育者像を形成していった。このような専門的職業化を志向する保育者論が明治後期に蓄積されたからこそ、大正期以降に「ほんとうの保姆」論を論じ得たのだと思われる。

［参考文献］
中村五六『幼稚園摘葉』普及舎、1893年。
東基吉「幼稚園案内」『婦人と子ども』第3巻第9号、1903年9月、48頁。
東基吉『幼稚園保育法』目黒書店、1904年。
中村五六・和田実『幼児教育法』フレーベル会、1908年。
（倉橋惣三著）「保姆論」『婦人と子ども』第13巻第5号、フレーベル会、1913年5月、145〜153頁。
岡田正章監修『明治保育文献集』別巻、日本らいぶらり、1977年。
湯川嘉津美「中村五六の幼稚園観――女子高等師範学校附属幼稚園分室の設立を中心に」『上智大学教育学論集』第38号、上智大学文学部教育学科、2003年、1〜17頁。
是澤博昭「恩物批判の系譜――中村五六と附属幼稚園分室の再評価」日本保育学会編

『保育学研究』第42巻第2号、2004年、17～24頁。
柿岡玲子『明治後期幼稚園保育の展開過程——東基吉の保育論を中心に』風間書房、2005年。
湯川嘉津美「中村五六のフレーベル理解——明治期におけるフレーベル受容の一断面」日本ペスタロッチー・フレーベル学会編『人間教育の探究』第18号、2005年、15～35頁。
諏訪義英『新装新版日本の幼児教育思想と倉橋惣三』新読書社、2007年、138～147頁。
倉橋惣三『幼稚園雑草』(『倉橋惣三選集』第2巻、フレーベル館、1965年)。
森上史朗『子どもに生きた人・倉橋惣三の生涯と仕事(上)(下)』倉橋惣三文庫第7・8巻、フレーベル館、2008年。
児玉衣子『改訂倉橋惣三の保育論』現代図書、2008年（初版2003年）。

［論文初出］
　次の論文を大幅に加除修正。白石崇人「明治後期の保育者論——東京女子高等師範学校附属幼稚園の理論的系譜を事例として」『鳥取短期大学研究紀要』第61号、2010年、1～10頁。

［注］
(6) 水野浩志「『幼稚園摘葉』解説」岡田正章監修『明治保育文献集』別巻、日本らいぶらりー、1977年、215～225頁。
(7) 『幼稚園摘葉』では、教育は、智徳体を平等に発達させて「人間固有ノ能力ノ潜伏スル者ヲ啓発スル」ことと定義され、その手段には、書籍による教授以外に「幼児ノ性質ヲ感化薫育スルコト」を挙げている（同書、7頁）。幼稚園教育の主要目的は、「幼児ノ体力ヲ強壮ニスルハ勿論、其心意ヲ誘導啓発シテ邪径ニ入ルヲ防ギテ正路ニ導キ、知識ノ門戸タル諸官能ヲ完全ニ発達セシメ、人類ト外界万象トヲ相親和セシメ、道徳円満タル生涯中、種々ノ目的ニ適用セラル可キカヲ助長スル」と定義されている（同書、9頁）。その定義・目的に基づいて同書において展開されている諸理論が、ここでいう「幼稚園教育ノ理論」にあたる。
(8) 中村、同上、12頁。「当務者」は保姆を指すと思われる。また、14頁に、「総テ言論ハ死物ナリ、之ヲ活用スルハ人ニ在リテ存ス」とある。
(9) 東基吉「幼稚園案内」『婦人と子ども』第3巻第9号、1903年9月、48頁。
(10) 宍戸健夫「『幼児教育法』解説」前掲註、252頁。
(11) 大正期以降の倉橋の幅広い言論活動については、次の書を参照。森上史朗『子どもに生きた人・倉橋惣三の生涯と仕事(上)(下)』倉橋惣三文庫第7・8巻、フレーベル館、2008年。

第4節：いま、保育者はどのような状況にあるか？

　本節では、現在の保育者の量的状況について、主に統計資料を用いながら検討する。保育者の状況といっても、各地方・各園によって職場環境はまったく異なるため、それぞれの実態を把握することは難しい。そのため、ここでは山陰地方（鳥取県・島根県）に焦点をしぼる。全国的状況をふまえつつ、統計資料を用いて山陰地方の状況把握にとどめたい。他の地域に住む読者は、自分の関係する地域のデータを使って、山陰地方との違いや共通点を検討してみてほしい。それはそのまま自分の関係する地域の特徴となる。なお、対象は幼稚園教諭を中心とし、保育士についてはその関連上で検討する。

1．山陰地方における幼稚園・保育所の普及状況から

　まず、保育者の職場の全体像を明らかにするため、幼稚園数・保育所数およびそれぞれの在籍者数（園児数）を確認しよう。
　図表1は、平成23（2011）年5月1日現在の各都道府県における、幼稚園・保育所の施設数および在籍者数の一覧である。図表1によると、岩手・宮城・福島県を除いた全国の幼稚園数は[12]、国公私立合計で12,502園であり、44都道府県平均約284園となる。それに対して、鳥取県の幼稚園数は39園（全国平均に対する13.7％、以下同様）、島根県の幼稚園数は116園（40.8％）である。同年度の全国の保育所数は22,541ヶ所であり、都道府県平均約512ヶ所である。鳥取県の保育所数は192ヶ所（37.5％）、島根県の保育所数は283ヶ所（55.2％）である。島根県の保育所数は都道府県平均の半数弱あるが、鳥取県の保育所数は半数に満たない[13]。このように、山陰地方の幼稚園・保育所は、全国平均よりも少ない施設数しかなく、とくに鳥取県の幼稚園数は全国平均の1割程度である。
　図表1によると、平成23年度における幼稚園の在籍者数は、国公私立合計152万6,279人であり、44都道府県平均約34,688人となる。それに対して、鳥取県の幼稚園在籍者数は4,344人（全国平均に対する12.5％、以下同様）、島根県の幼稚園在籍者数は4,762人（13.7％）である。同年度の全国の保育所在籍人数は、209万

図表1　幼稚園・保育所の状況（都道府県別）

区分	幼稚園数（平成23年5月1日現在）							保育所 (平成23年5月1日現在)	
	国立		公立		私立		国公私立		施設数	在籍人数
	園数	在園者数	園数	在園者数	園数	在園者数	園数	在園者数		
総計	46		4,653	269,617	7,803	1,250,997	12,502	1,526,279	22,541	2,090,859
北海道	2		80	3,860	475	61,226	557	65,213	536	34,925
青森	1		16	298	112	8,440	129	8,835	382	25,759
岩手	(1)	(137)	(60)	(2,707)	(86)	(9,772)	(147)	(12,616)	(292)	(20,233)
宮城	(1)	(156)	(112)	(5,210)	(188)	(26,658)	(301)	(32,024)	(218)	(15,892)
秋田	1		22	1,171	71	6,813	94	8,120	198	17,456
山形	1		22	941	90	10,324	113	11,363	237	20,642
福島	(1)	(84)	(206)	(10,749)	(150)	(19,193)	(357)	(30,026)	(219)	(17,565)
茨城	1		173	10,727	202	28,954	376	39,829	484	45,021
栃木	1		5	349	192	30,792	198	31,299	279	23,553
群馬	1		84	5,953	126	15,857	211	21,948	276	28,930
埼玉	1		62	4,638	566	110,296	629	115,024	793	68,523
千葉	1		148	10,820	430	85,418	579	96,398	552	52,337
東京	2		195	13,632	854	157,746	1,051	171,774	1,800	179,814
神奈川	-		57	4,088	674	138,785	731	142,873	307	31,261
新潟	2		42	2,710	113	12,730	157	15,573	488	38,162
富山	1		33	1,611	59	5,683	93	7,411	222	18,666
石川	1		7	237	67	7,751	75	8,122	253	23,058
福井	1		91	2,205	33	2,951	125	5,259	279	24,614
山梨	1		4	317	69	6,558	74	6,972	240	19,665
長野	1		12	799	105	12,267	118	13,168	499	43,799
岐阜	-		82	4,586	106	18,588	188	23,174	381	35,229
静岡	1		271	21,581	243	40,393	515	62,107	317	31,131
愛知	1		92	10,865	429	86,908	522	97,925	731	81,312
三重	1		196	9,197	62	10,711	259	20,051	428	37,532
滋賀	1		163	15,781	29	3,476	193	19,416	205	20,601
京都	1		66	4,291	161	25,669	228	30,099	232	23,991
大阪	1		349	26,166	435	94,291	785	120,604	628	69,984
兵庫	2		475	25,307	247	45,249	724	70,819	471	40,303
奈良	2		159	11,614	43	6,177	204	18,084	152	16,591
和歌山	-		65	2,466	46	6,034	111	8,500	158	13,354
鳥取	1		10	301	28	3,963	39	4,344	192	16,251
島根	1		98	4,034	17	654	116	4,762	283	20,466
岡山	1		295	14,117	33	5,403	329	19,659	199	15,611
広島	2		110	4,118	208	29,325	320	33,651	320	22,772
山口	1		60	2,254	142	13,995	203	16,364	254	19,516
徳島	1		201	6,170	12	1,402	214	7,718	214	14,109
香川	1		141	8,986	36	5,351	178	14,495	134	11,137
愛媛	1		77	3,477	107	14,653	185	18,275	254	17,129
高知	1		27	1,034	31	3,228	59	4,396	174	10,216
福岡	1		62	3,962	431	61,428	494	65,464	484	47,631
佐賀	1		12	875	96	8,267	109	9,225	222	20,540
長崎	1		48	1,691	132	11,996	181	13,829	333	23,202
熊本	1		35	2,406	112	13,354	148	15,878	433	32,344
大分	1		148	3,733	73	8,459	222	12,350	215	14,573
宮崎	1		17	444	118	9,236	136	9,820	280	18,890
鹿児島	1		100	2,790	153	16,105	254	18,983	366	25,354
沖縄	-		241	13,015	35	4,091	276	17,106	383	35,485

〈出典〉文部科学省『学校基本調査』（平成23年度速報）および厚生労働省『福祉行政報告例（平成21年7月分概数）』を用いて作成。なお、岩手・宮城・福島については平成22年度の数値。国立幼稚園の在園者数は不明。

第4章●保育者とは何か　123

859人であり、全国平均約47,520人となる。鳥取県の保育所在籍人数は16,251人（34.2％）、島根県の保育所在籍人数は20,466人（43.1％）である。このように、山陰地方の幼稚園・保育所在籍者数も、全国平均よりも少なく、とくに幼稚園在籍者数は保育所在籍者数よりも全国平均を大きく下回っている。

図表2は、平成17（2005）年度の各都道府県における5歳児の幼稚園就園率・保育所在籍率をグラフ化したものである。図表2によると、各都道府県によって幼稚園就園率・保育所在籍率が異なることがわかる。最も幼稚園就園率が高いのは沖縄県であり、最も低いのは長野県である。最も保育所在籍率が高いのは長野県であり、最も低いのは沖縄県である。幼稚園に就園する子どもの割合が高い都道府県ほど保育所に在籍する子どもの割合が低く、保育所に在籍する子どもの割合が高い都道府県ほど幼稚園に就園する子どもの割合が低いことがわかる。全国平均では、幼稚園就園率57.6％・保育所在籍率38.8％であり、幼稚園へ就園する子どもの割合の方が高い。鳥取県は幼稚園就園率35.2％・保育所在籍率63.1％であり、島根県は幼稚園就園率41.7％・保育所在籍率54.9％である。全国平均と比べて、山陰両県ともに幼稚園より保育所に在籍する子どもの割合がかなり高い。

次に、鳥取県・島根県内の幼稚園数と在籍者数との関係を確認しておこう。鳥取県の幼稚園在籍者数は1園あたり平均約111人であるが、島根県の幼稚園在籍者数は1園あたり平均41人である（全国平均約122人）。3歳児・4歳児・5歳児クラスとして単純に3分割すると、鳥取県は1学年約37人、島根県は1学年約14人となる。もちろん各園によって事情が違うので一様には言えないが、全体的な傾向として、鳥取県の幼稚園はクラス規模が大きく、島根県の幼稚園はクラス規模が小さい。すなわち、鳥取県の幼稚園で働く保育者は、園児数の多いクラスを持つ可能性が高く、多人数保育の経験・技術・知識などを必要とする。他方、島根県の幼稚園で働く保育者は、園児数の少ないクラスを持つ可能性が高く、少人数保育の経験・技術・知識などを必要とする。実際、島根県では、山間部を中心に園児数の極めて少ない幼稚園が多く、全学年で10人に満たない園児を保育しているところもある。そのような園では混合保育の形態を採ることが多く、島根県では少人数保育と同時に混合保育の経験・技術・知識も必要となる。

なお、鳥取県・島根県内の保育所数と在籍人数との関係を確認すると次のようになる。鳥取県の保育所在籍人数は1ヶ所あたり平均約85人、島根県の保育所在

図表2　都道府県別幼児教育の普及状況（5歳児）

都道府県	幼稚園就園率	保育所在籍率
沖縄県	81.1%	17.8%
神奈川県	72.7%	21.3%
宮城県	71.4%	24.9%
埼玉県	70.9%	24.7%
福島県	70.0%	25.1%
千葉県	68.9%	28.1%
徳島県	68.0%	31.1%
静岡県	65.9%	30.3%
大阪府	65.6%	32.7%
兵庫県	65.6%	30.6%
東京都	65.6%	34.4%
香川県	64.7%	36.3%
茨城県	63.6%	32.8%
奈良県	63.3%	35.2%
栃木県	63.0%	33.9%
大分県	62.8%	33.8%
北海道	59.2%	30.6%
滋賀県	56.3%	40.2%
愛媛県	55.0%	42.1%
福岡県	53.6%	42.6%
岡山県	52.9%	44.4%
山口県	51.8%	45.8%
三重県	51.5%	46.3%
鹿児島県	51.1%	42.3%
京都府	50.8%	45.5%
広島県	49.8%	46.5%
岐阜県	48.4%	51.9%
山形県	48.1%	41.5%
愛知県	47.9%	49.2%
群馬県	47.5%	49.9%
長崎県	47.3%	46.5%
岩手県	46.0%	46.8%
秋田県	44.1%	49.8%
佐賀県	43.9%	52.2%
和歌山県	42.9%	53.3%
島根県	41.7%	54.9%
宮崎県	38.9%	51.0%
熊本県	36.9%	57.8%
山梨県	35.7%	59.8%
鳥取県	35.2%	63.1%
青森県	34.6%	57.6%
福井県	34.6%	63.8%
新潟県	30.4%	66.8%
富山県	29.8%	69.0%
高知県	28.3%	69.1%
石川県	26.4%	71.8%
長野県	23.4%	74.1%
全国平均	57.6%	38.8%

（注）保育所在籍率については、「平成17年社会福祉施設等調査」の5歳及び6歳の幼児を学齢に換算し、文部科学省で推計したものである。
（資料）文部科学省「平成17年度学校基本調査報告書」、厚生労働省「平成17年社会福祉施設等調査」

第4章●保育者とは何か

籍人数は1ヶ所あたり平均約73人である（全国平均約93人）。保育所の場合、2県の間で幼稚園ほど著しい差はないが、比較的鳥取県の在籍人数が多い。

2．山陰地方における保育者集団の現状から

（1）保育者集団の規模から

　次に、幼稚園教員・保育所保育士の各種統計から、保育者集団の現状を検討しよう。

　図表3は、平成19（2007）年度の統計から、公私立幼稚園教員・保育所保育士の数と平均年齢を一覧にしたものである。全国公私立幼稚園の教員数は合計10万6,536人であり、公立園教員数21,365人、私立幼稚園教員数85,171人である。図表1の通り、公立幼稚園数4,653園・私立幼稚園数7,803園であることから、1園あたり公立幼稚園には平均約4.6人、私立幼稚園には平均約10.9人いることになる。公立幼稚園よりも、私立幼稚園の教員数の方が多いことがわかる。

　図表1・図表3によると、鳥取県は公立幼稚園10園（休園中の園も含まれている）に教員数38人、私立幼稚園28園に教員数352人である。すなわち、1園あたり公立幼稚園には平均約3.8人、私立幼稚園には平均約12.6人の教員がいることになる。島根県は、公立幼稚園98園に教員数340人、私立幼稚園17園に教員数94人である。すなわち、1園あたり公立幼稚園には平均約3.5人、私立幼稚園には平均約5.5人いることになる。山陰両県では、公立幼稚園の保育者集団はおおよそ平均3～4人である。私立幼稚園の保育者集団の規模は大きく異なり、鳥取県の方が島根県よりも2倍以上の規模を有することがわかる。しかも、鳥取県の1園あたりの私立幼稚園教員数は、全国平均よりも多い。

　男性保育者の比率を見てみよう。全国の公立幼稚園では男性教員1,075人（5.0%）・女性教員20,290人（95.0%）、私立幼稚園では男性教員6,518人（7.6%）・女性教員78,653人（92.4%）である。鳥取県の公立幼稚園では男性教員2人（5.0%）・女性教員36人（95.0%）、私立幼稚園では男性教員24人（6.8%）・女性教員328人（93.2%）である。島根県の公立幼稚園では男性教員17人（5.0%）・女性教員323人（95.0%）、私立幼稚園では男性教員12人（12.8%）・女性教員82人（87.2%）である。総数が違うことに注意しなくてはならないが、島根県の私立幼稚園では、

図表3 幼稚園教員・保育所保育士の状況（都道府県別）

	公立幼稚園 教員数 計	男	女	平均年齢（歳） 計	男	女	私立幼稚園 教員数 計	男	女	平均年齢（歳） 計	男	女	保育所保育士数（常勤） 計	公立	私立
全国	21,365	1,075	20,290	43.1	46.3	42.9	85,171	6,518	78,653	33.0	49.8	31.6	288,624	125,756	162,868
北海道	488	69	419	41.9	53.7	40.0	4,302	415	3,887	33.4	51.8	31.4	4,780	2,838	1,942
青森	41	2	39	52.0	43.2	52.5	780	60	720	38.0	51.5	36.9	4,169	580	3,589
岩手	233	6	227	46.7	53.2	46.5	698	66	632	37.1	48.1	35.9	3,687	1,327	2,360
宮城	428	31	397	45.4	49.1	45.1	1,820	162	1,658	32.7	51.1	30.9	2,385	1,673	712
秋田	120	8	112	48.6	64.9	47.4	589	59	530	38.1	54.4	36.3	2,393	1,040	1,353
山形	89	1	88	44.2	25.5	44.4	936	96	840	36.4	50.4	34.8	2,707	1,247	1,460
福島	1,548	389	1,159	46.2	46.8	46.0	1,422	145	1,277	35.0	49.3	33.4	2,755	1,547	1,208
茨城	802	23	779	44.9	51.3	44.7	1,912	119	1,793	33.1	49.4	32.0	5,790	2,354	3,436
栃木	48	5	43	45.0	36.7	46.0	2,353	191	2,162	33.5	46.6	32.3	3,462	1,996	1,466
群馬	440	14	426	44.7	44.1	44.8	1,311	121	1,190	34.9	49.2	33.5	5,271	1,486	3,785
埼玉	282	8	274	43.9	44.5	43.9	6,757	533	6,224	31.7	47.7	30.3	9,223	4,748	4,475
千葉	728	16	712	41.7	38.3	41.8	4,738	313	4,425	32.1	49.5	30.9	7,242	4,357	2,885
東京	867	16	851	43.2	38.3	43.3	9,699	702	8,997	32.3	48.5	31.1	26,793	14,132	12,661
神奈川	276	7	269	42.6	32.2	42.9	8,186	639	7,547	32.0	51.3	30.6	4,149	1,545	2,604
新潟	224	11	213	44.9	42.9	45.1	1,165	88	1,077	35.2	52.9	33.8	4,658	3,087	1,571
富山	139	−	139	45.0	−	45.0	528	44	484	35.8	51.3	34.4	2,461	1,384	1,077
石川	46	−	46	40.2	−	40.2	631	38	593	34.6	50.3	33.6	3,194	1,921	1,273
福井	187	11	176	45.0	47.1	44.8	291	28	263	36.6	58.7	34.2	2,944	1,332	1,612
山梨	33	1	32	38.1	40.5	38.0	568	39	529	34.3	52.3	32.9	2,279	1,173	1,106
長野	69	5	64	43.0	48.5	42.6	983	84	899	32.8	54.5	30.8	4,920	4,094	826
岐阜	495	20	475	41.8	46.1	41.6	1,225	71	1,154	31.9	47.7	31.0	3,863	2,529	1,334
静岡	1,426	35	1,391	39.1	38.3	39.1	2,699	183	2,516	33.9	49.3	32.7	4,270	2,087	2,183
愛知	714	18	696	37.8	35.0	37.9	4,891	331	4,560	31.3	48.9	30.0	7,595	5,861	1,734
三重	637	8	629	43.3	41.6	43.3	694	44	650	32.9	47.1	32.0	4,945	2,973	1,972
滋賀	1,006	27	979	38.5	35.4	38.6	9.62	17	212	34.5	59.7	32.5	3,925	1,932	1,993
京都	319	9	310	41.6	38.2	41.7	0	105	1,668	32.8	51.8	31.6	3,116	1,719	1,397
大阪	1,646	26	1,620	41.8	52.3	42.9	5,251	282	4,969	31.0	51.0	29.8	10,500	4,867	5,633
兵庫	1,604	112	1,492	43.6	47.0	43.4	2,677	160	2,517	31.1	46.0	30.2	7,037	2,925	4,112
奈良	887	9	878	42.8	35.5	42.9	408	28	380	32.1	46.6	31.0	2,464	1,402	1,062
和歌山	221	7	214	43.6	45.9	43.5	477	40	437	34.9	53.2	33.2	1,735	1,242	493
鳥取	38	2	36	47.1	42.0	47.4	352	24	328	36.7	38.6	36.6	2,330	1,337	993
島根	340	17	323	43.1	41.3	43.2	94	12	82	37.5	49.8	35.7	3,038	729	2,309
岡山	955	32	923	43.6	49.8	43.4	341	23	318	35.5	50.8	34.4	2,156	1,111	1,045
広島	335	14	321	46.8	43.4	46.6	1,913	149	1,764	33.4	50.9	32.0	3,148	1,937	1,211
山口	178	1	177	43.6	43.5	43.6	1,016	101	915	34.8	51.3	32.9	2,627	1,112	1,515
徳島	547	4	543	42.8	26.8	43.0	127	6	121	36.9	46.8	36.5	2,532	1,456	1,076
香川	636	7	629	43.1	29.1	43.2	360	27	333	35.6	53.8	34.2	1,898	1,068	830
愛媛	314	12	302	41.4	46.3	41.2	1,040	87	953	34.0	51.0	32.5	2,617	1,698	919
高知	101	3	98	42.4	29.8	42.7	279	16	263	36.1	53.8	35.0	1,765	1,236	529
福岡	286	10	276	43.9	49.2	43.7	4,273	337	3,936	33.8	50.2	32.4	7,271	2,193	5,078
佐賀	69	6	63	45.4	51.5	44.8	676	66	610	36.0	54.4	34.0	2,706	721	1,985
長崎	166	20	146	46.8	51.5	45.5	1,039	87	952	33.7	51.1	32.2	3,453	527	2,926
熊本	168	6	162	56.0	55.0	46.8	972	84	888	34.4	47.6	33.1	4,624	1,288	3,336
大分	335	6	329	46.1	53.0	45.9	582	56	526	32.8	50.3	30.9	2,220	562	1,658
宮崎	45	−	45	47.6	−	47.6	752	82	670	35.0	51.9	32.9	2,831	620	2,211
鹿児島	239	14	225	42.6	59.3	41.5	1,078	141	937	33.5	53.9	30.4	3,477	694	2,783
沖縄	570	27	543	44.9	40.3	45.1	284	17	267	37.4	57.2	36.1	5,398	1,562	3,836

〈出典〉文部科学省『学校教員統計調査』（平成19年度）および厚生労働省『社会福祉施設等調査』（平成19年度）を用いて作成。

男性教員の比率が全国平均より高いことは特徴である。

　図表３によると、保育所保育士数は全国で28万8,624人であり、公立保育所保育士数12万5,756人（43.6％）・私立保育所保育士数16万2,868人（56.4％）である。図表１によると保育所数は22,541ヶ所であるから、１ヶ所あたり約12.8人の保育士がいることなる。鳥取県では、公私立合計の保育士数は2,330人であり、その内訳は公立保育所保育士数1,337人（57.4％）・私立保育所保育士数993人（42.6％）である。保育所数192ヶ所であるから、１ヶ所あたり約12.1人となる。島根県では、公私立合計の保育士数は3,038人であり、その内訳は公立保育所保育士数729人（24.0％）・市立保育所保育士数2,309人（76.0％）である。保育所数283ヶ所であるから、１ヶ所当たり約10.7人となる。全国平均よりも少ないが、島根県の公私立幼稚園の保育者集団はおおよそ平均３〜４人であるから、保育所の保育者集団の規模は幼稚園よりも大きい。なお、全国に比べて、鳥取県では公立保育所保育士の割合が高く、島根県では私立保育所保育士の割合が高い。

（２）保育者の年齢構成・勤務年数から

　次に、保育者の年齢構成と勤務年数から、保育者集団の特徴を検討する。

　図表４は、平成19年度の幼稚園教員の年齢構成の割合を表にしたものである。図表４によると、国公私立幼稚園教員の合計では、25歳未満が31.3％、25歳〜30

図表４　平成19年度の幼稚園教員の年齢構成

区　　分	計　計	計　男	計　女	公立幼稚園　計	公立幼稚園　男	公立幼稚園　女	私立幼稚園　計	私立幼稚園　男	私立幼稚園　女
25　歳　未　満	31.3%	8.3%	33.1%	6.6%	6.6%	6.6%	37.6%	8.6%	40.0%
25歳〜30歳未満	20.5%	9.1%	21.4%	11.4%	9.4%	11.5%	22.8%	9.0%	24.0%
30歳〜35歳未満	9.7%	6.9%	9.9%	11.9%	7.4%	12.1%	9.1%	6.7%	9.3%
35歳〜40歳未満	6.8%	6.3%	6.8%	10.2%	7.2%	10.3%	5.9%	6.0%	5.9%
40歳〜45歳未満	6.1%	7.1%	6.0%	8.9%	12.7%	8.7%	5.3%	6.0%	5.2%
45歳〜50歳未満	7.0%	8.5%	6.9%	14.0%	13.3%	14.0%	5.2%	7.7%	5.0%
50歳〜55歳未満	7.5%	9.1%	7.4%	20.8%	13.0%	21.2%	4.1%	8.4%	3.8%
55歳〜60歳未満	5.6%	10.1%	5.3%	14.2%	12.0%	14.3%	3.5%	9.8%	3.0%
60　歳　以　上	5.5%	34.7%	3.2%	2.0%	18.4%	1.2%	6.4%	37.6%	3.8%
平均年齢（歳）	35.0	49.2	33.9	43.1	46.3	42.9	33.0	49.8	31.6

〈出典〉文部科学省『学校教員統計調査』（平成19年度）より作成。

歳未満が20.5％である。幼稚園教員集団の5割は、30歳未満の教員なのである。この傾向は私立幼稚園で顕著である（30歳未満の教員が全体の60.4％）。ただ、公立幼稚園の場合、まったく異なる様相を示している。公立幼稚園では、30歳未満の教員は18.0％しかおらず、45歳以上の教員が51.0％を占めている。私立幼稚園の教員集団の多数は20代の若い教員であり、公立幼稚園の教員集団の多数は45歳以上の年長教員であることがわかる。

男性教員だけの場合、25歳未満は8.3％、25歳〜30歳未満は9.1％である。他方、60歳以上は34.7％、55歳〜60歳未満は10.1％である。男性教員集団は、半数近くを55歳以上の教員が占めている。これは、幼稚園教員集団にはもともと男性教員は少ないが、数少ない男性教員の多くは、園長などに就く年長教員である場合が多いためである。

図表5は、平成19年度の幼稚園教員の勤務年数構成を表にしたものである。国公私立の合計では、幼稚園教員の約5割が勤務年数5年未満の教員であることがわかる。ただ、年齢構成でも異なったように、勤務年数構成でも公立幼稚園と私立幼稚園とではその様子はまったく異なる。公立幼稚園における勤務年数5年未満の教員の割合は23.6％であるのに対し、私立幼稚園における勤務年数5年未満の教員の割合は52.9％である。公立幼稚園では、5年未満の教員の割合が最も高いが、次いで勤務年数25年〜30年の教員が17.6％を占めている。公立幼稚園では、比較的、15年〜25年未満の教員の層が、他の勤務年齢の教員層よりも少ない点に特徴がある。私立幼稚園では、5年未満の教員の割合が最も高いが、次いで高いのは5年〜10年未満の教員で20.6％を占める。私立幼稚園では、勤務年数10年未満の教員が全体の73.5％を占めており、勤務年数10年以上の教員が少ないのが特徴である。

都道府県によって勤務年数に差はあるのだろうか。図表6は、平成19年度における幼稚園教員の平均勤務年数を

図表5　平成19年度の幼稚園教員の勤務年数構成

	計	国立	公立	市立
〜5年（％）	46.9	9.3	23.6	52.9
5年〜10年（％）	19.1	17.3	13.3	20.6
10年〜15年（％）	8.8	19.2	10.0	8.4
15年〜20年（％）	5.9	19.8	9.0	5.0
20年〜25年（％）	4.1	11.1	6.9	3.3
25年〜30年（％）	4.7	12.7	12.0	2.8
30年〜35年（％）	6.0	8.0	17.6	3.1
35年〜40年（％）	2.9	2.5	7.3	1.7
40年〜（％）	1.7	−	0.3	2.1

〈出典〉文部科学省『学校教員統計調査』（平成19年度）より作成。

都道府県別に表にしたものである。国公私立幼稚園の全教員の平均勤務年数は10.5年であり、男性教員は18.7年、女性教員は10.0年である。幼稚園の男性教員は、おおむね女性教員よりも勤務年数は長いが、公立幼稚園の男性教員のみ女性教員よりも勤務年数が短い。女性教員の場合、公立幼稚園教員は17.9年であり、私立幼稚園教員は7.9年である。私立幼稚園女性教員の勤務年数は、全教員平均よりも約3年短いことがわかる。

　山陰両県の平均勤務年数を全国平均と比べた場合、次のような特徴を見いだせる。まず国公私立幼稚園全教員の平均勤務年数は、鳥取11.7年・島根16.2年であり、いずれも全国平均よりも長い。ただ、男性教員の平均勤務年数は、鳥取8.8年・島根11.8年であり、いずれも全国平均よりも短い。公立・私立幼稚園ともに男性教員の勤務年数は、全国平均よりも短い。とくに鳥取県公立幼稚園の男性教員の勤務年数は、0.5年という状態である。女性教員の平均勤務年数は、鳥取11.9年・島根16.5年であり、いずれも全国平均よりも長い。全国平均を上回る勤務年数の長さは、女性教員の平均勤務年数が長いことから来るものといえる。ただ、鳥取県の場合、公立幼稚園の女性教員は10.3年であり、全国平均よりもかなり短い。これに対して、鳥取県私立幼稚園の女性教員は12.0年であり、全国平均よりもかなり長い。鳥取県では私立幼稚園教員の勤務年数が長いことから、全国平均を上回る数字を出していることがわかる。

　さて、保育者はいつ頃どんな理由から離職する場合があるのだろうか。図表10は、平成19年度の幼稚園教員の離職年齢を表にしたものである。図表10によると、全国の国公私立幼稚園で1年間に12,857人（うち公私立幼稚園離職者は12,840人）もの教員が離職していることがわかる。図表3の通り、公私立幼稚園合計の教員数が約10万人であるから、1年間に1割弱の教員が離職している計算になる。

　図表11によると、公立幼稚園と私立幼稚園とでは離職者の多い年齢層がまったく異なることがわかる。公立幼稚園では50歳以上で54.7％の教員が離職するが、私立幼稚園では50歳以上では5.3％の教員しか離職しない。公立幼稚園では30歳未満までに22.3％の教員が離職するが、私立幼稚園では30歳未満までに76.3％もの教員が離職する。

　図表12は、平成19年度の幼稚園教員の離職理由の割合を表にしたものである。55歳以上で最も割合の高い理由は「定年」である。55歳未満までで最も理由が多

図表6　平成19年度の幼稚園教員の平均勤務年数

区　分	国公私立 平均勤務年数（年）			公立幼稚園 平均勤務年数（年）			私立幼稚園 平均勤務年数（年）		
	計	男	女	計	男	女	計	男	女
全　国	10.5	18.7	10.0	17.7	11.6	17.9	8.7	19.7	7.9
北海道	8.6	18.1	7.6	14.5	16.8	14.1	7.9	18.4	6.9
青　森	13.3	18.2	13.0	17.4	15.0	17.5	13.1	18.3	12.7
岩　手	14.8	21.0	14.4	18.7	14.3	18.8	13.4	21.8	12.7
宮　城	10.7	19.5	9.9	17.7	14.1	17.9	9.0	20.7	8.0
秋　田	12.6	15.8	12.3	15.6	13.9	15.8	11.9	16.0	11.5
山　形	12.1	18.7	11.4	13.5	4.5	13.6	11.9	18.8	11.1
福　島	13.0	13.0	13.0	16.3	8.7	17.5	10.0	19.2	9.1
茨　城	12.9	20.5	12.5	20.5	2.4	21.0	9.5	25.2	8.8
栃　木	9.0	14.6	8.6	10.9	0.7	12.1	9.0	15.0	8.5
群　馬	13.0	16.7	12.7	20.9	8.4	21.3	10.3	17.8	9.5
埼　玉	8.4	19.9	7.6	19.1	12.0	19.3	7.9	20.0	7.1
千　葉	9.1	17.3	8.7	18.2	12.9	18.3	7.7	17.5	7.1
東　京	9.6	21.6	8.9	20.2	13.4	20.3	8.6	21.8	7.8
神奈川	8.9	22.7	7.9	19.4	3.7	19.7	8.6	22.9	7.5
新　潟	12.3	21.3	11.7	16.4	11.3	16.6	11.5	22.6	10.6
富　山	12.8	18.5	12.4	16.2	－	16.2	11.9	19.1	11.2
石　川	10.1	20.0	9.6	9.4	－	9.4	10.1	20.8	9.6
福　井	12.9	22.0	12.1	14.7	6.0	15.3	11.6	28.3	9.8
山　梨	9.7	21.2	8.9	6.5	1.5	6.7	9.8	21.7	8.9
長　野	7.7	15.6	7.1	14.8	3.3	15.7	7.2	16.2	6.5
岐　阜	9.9	12.4	9.8	13.9	4.1	14.4	8.2	15.3	7.8
静　岡	12.0	18.9	11.7	15.4	8.0	15.5	10.2	21.3	9.5
愛　知	8.5	19.4	7.9	13.1	1.7	13.3	7.9	20.3	7.1
三　重	13.2	16.3	13.1	17.5	3.0	17.6	9.2	17.0	8.7
滋　賀	12.0	12.2	12.0	12.8	6.6	12.9	8.3	18.6	7.5
京　都	9.8	19.3	9.3	16.2	9.6	16.4	8.6	20.2	7.9
大　阪	10.4	23.0	9.9	20.1	2.5	20.3	7.3	24.9	6.5
兵　庫	12.1	18.2	11.8	20.6	22.9	20.4	7.1	14.8	6.7
奈　良	15.2	15.2	15.2	18.3	3.2	18.4	8.8	17.8	8.1
和歌山	12.8	16.8	12.5	18.7	5.6	19.2	10.0	18.7	9.2
鳥　取	11.7	8.8	11.9	9.8	0.5	10.3	11.8	9.7	12.0
島　根	16.2	11.8	16.5	18.0	10.2	18.4	10.2	12.8	9.9
岡　山	17.2	16.2	17.2	19.9	13.1	20.1	9.8	19.3	9.1
広　島	10.9	17.9	10.4	22.5	23.6	22.4	8.8	17.4	8.1
山　口	11.1	20.8	10.2	19.0	21.5	19.0	9.7	20.9	8.5
徳　島	16.1	14.9	16.2	17.0	1.2	17.1	12.2	19.3	11.8
香　川	15.5	20.4	15.3	17.9	6.0	18.0	11.1	21.5	10.2
愛　媛	9.2	15.3	8.7	13.7	12.4	13.8	7.7	15.8	7.0
高　知	10.7	8.5	10.9	14.2	4.5	14.5	9.4	9.1	9.5
福　岡	9.1	19.4	8.4	17.7	14.1	17.8	8.5	19.5	7.7
佐　賀	10.7	20.0	9.7	15.3	2.5	16.5	10.2	21.7	9.0
長　崎	10.0	17.6	9.3	19.3	16.2	19.8	8.4	18.0	7.6
熊　本	10.8	17.1	10.2	18.4	12.3	18.7	9.3	17.5	8.6
大　分	13.3	13.1	13.3	22.8	－	22.8	7.8	13.1	7.2
宮　崎	9.5	13.2	9.1	17.2	－	17.2	8.9	13.2	8.4
鹿児島	10.0	19.2	8.8	16.0	8.2	16.4	8.6	20.3	7.0
沖　縄	16.0	13.9	16.1	18.9	13.2	19.2	10.3	14.7	10.1

〈出典〉文部科学省『学校教員統計調査』（平成19年度）より作成。

図表7　平成19年度の幼稚園教員の年齢構成

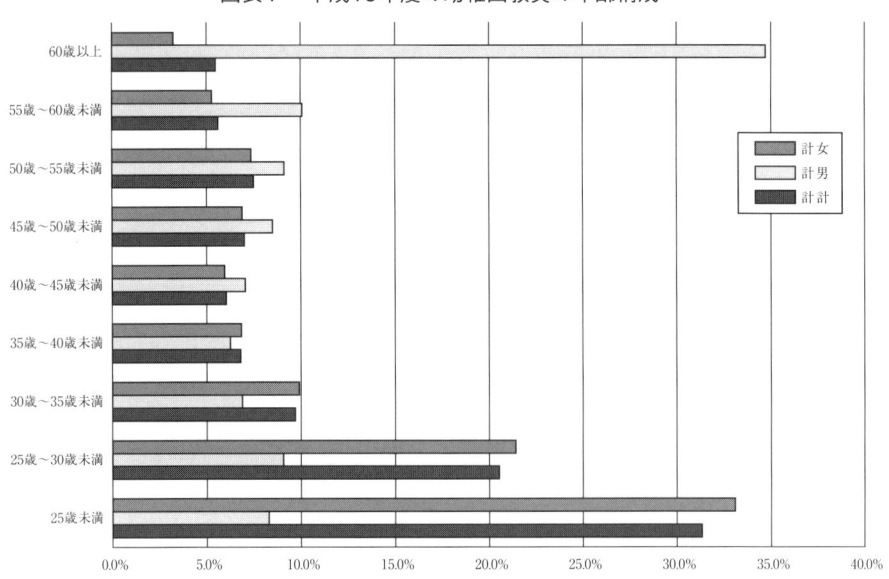

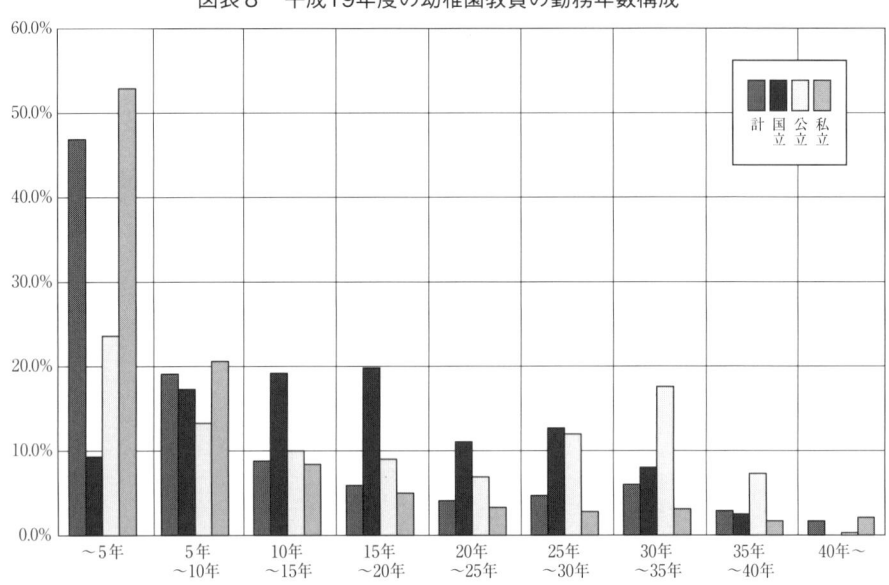

図表8　平成19年度の幼稚園教員の勤務年数構成

図表9　平成19年度の幼稚園教員の平均勤務年数

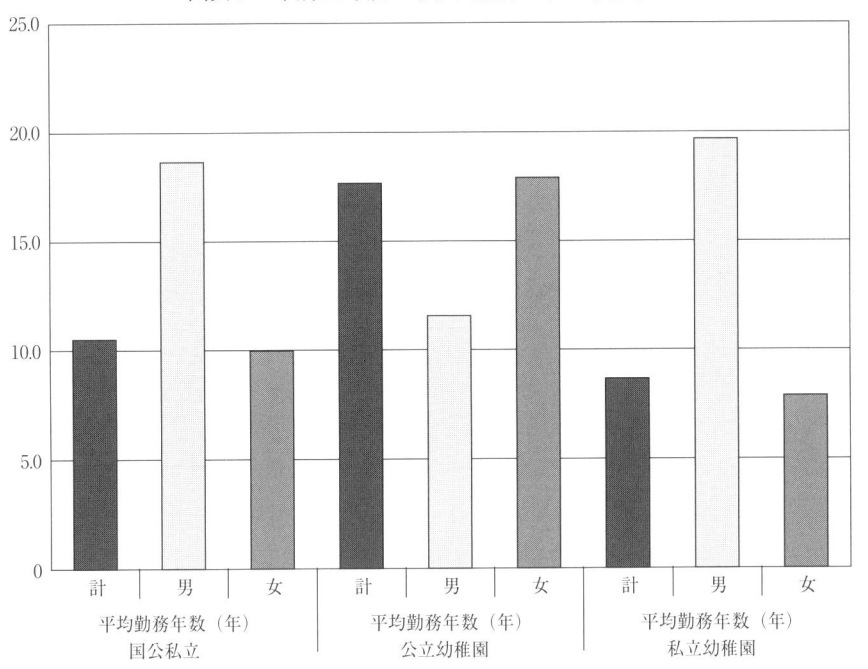

[棒グラフ：平均勤務年数（年）]
- 国公私立：計 約10.5、男 約18.6、女 約10.0
- 公立幼稚園：計 約17.7、男 約11.6、女 約17.9
- 私立幼稚園：計 約8.8、男 約19.8、女 約8.1

図表10　平成19年度の幼稚園教員の離職年齢

	国公私立		公立幼稚園		私立幼稚園	
	実数	割合	実数	割合	実数	割合
〜25歳	4,333	33.7%	142	9.3%	4,190	37.0%
25歳〜30歳	4,644	36.1%	199	13.0%	4,442	39.3%
30歳〜35歳	1,399	10.9%	140	9.2%	1,257	11.1%
35歳〜40歳	467	3.6%	75	4.9%	392	3.5%
40歳〜45歳	299	2.3%	51	3.3%	243	2.1%
45歳〜50歳	272	2.1%	86	5.6%	184	1.6%
50歳〜55歳	427	3.3%	260	17.0%	167	1.5%
55歳〜60歳	434	3.4%	319	20.9%	114	1.0%
60歳〜65歳	376	2.9%	246	16.1%	127	1.1%
65歳〜	206	1.6%	10	0.7%	196	1.7%
全離職教員	12,857	100.0%	1,528	100.0%	11,312	100.0%

〈出典〉文部科学省『学校教員統計調査』(平成19年度)より作成。

図表11　平成19年度の幼稚園教員の離職年齢

(凡例：国公私立／公立幼稚園／私立幼稚園)

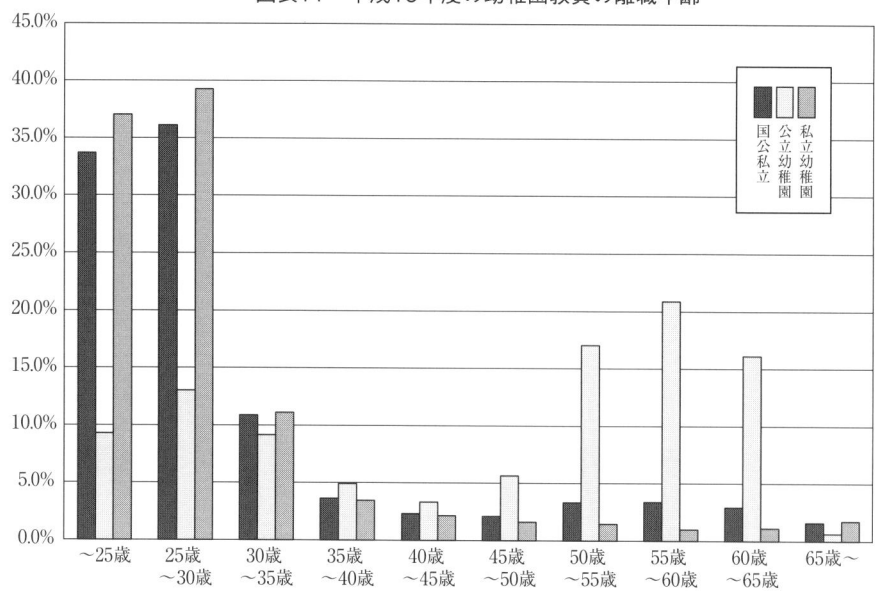

図表12　平成19年度の幼稚園教員の離職理由

区　分	定年(勧奨)	病気	死亡	転職	進学	その他
〜25歳	0.1%	5.3%	0.3%	31.8%	0.5%	62.0%
25歳〜30歳	0.1%	1.9%	0.2%	20.3%	0.5%	77.1%
30歳〜35歳	0.0%	2.0%	0.1%	19.3%	0.4%	78.1%
35歳〜40歳	0.0%	3.4%	0.4%	21.6%	0.6%	73.9%
40歳〜45歳	0.3%	3.7%	0.0%	31.8%	0.0%	64.2%
45歳〜50歳	2.9%	5.5%	1.1%	23.2%	1.1%	66.2%
50歳〜55歳	28.1%	4.9%	1.2%	12.2%	0.2%	53.4%
55歳〜60歳	55.1%	1.8%	1.2%	6.7%	0.2%	35.0%
60歳〜65歳	76.6%	2.4%	0.5%	2.4%	0.0%	18.1%
65歳〜	33.0%	8.7%	12.1%	1.5%	0.5%	44.2%

〈出典〉文部科学省『学校教員統計調査』(平成19年度)より作成。

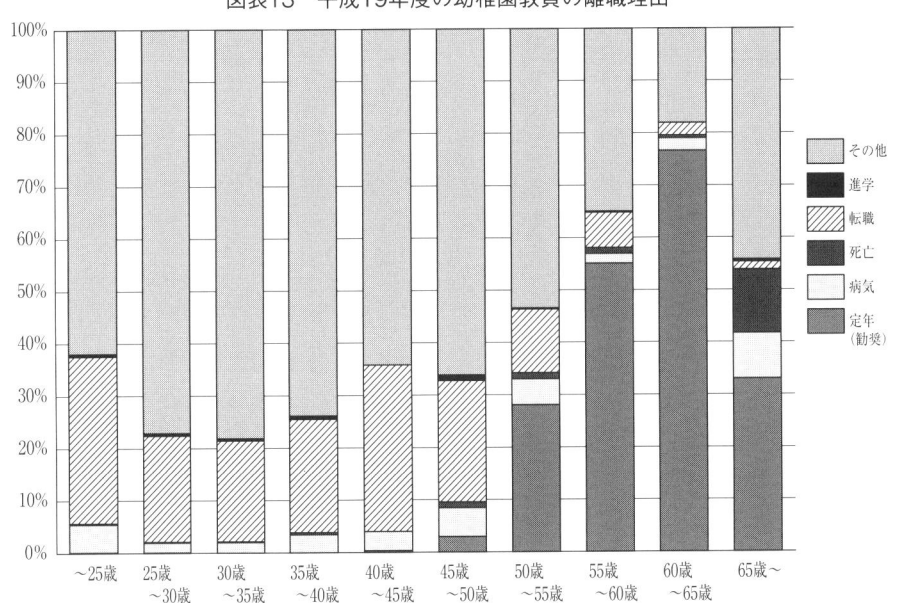

図表13 平成19年度の幼稚園教員の離職理由

凡例：その他／進学／転職／死亡／病気／定年（勧奨）

いのは「その他」である。この「その他」には家庭の事情などを含むが、若い年齢の場合は「結婚・出産」などを多く含んでいると思われる。「その他」以外での理由で目立つ理由は「転職」である。「転職」は、「その他」を除く50歳未満の教員の離職理由で最も割合が高い。とくに25歳未満と40歳以上45歳未満の時期の理由の3割を「転職」が占めている。

3．保育者の統計のまとめ

以上、山陰地方の統計に留意しながら、保育者の現状を検討してきた。以下、概要をまとめ、そこから保育者に求められる資質等を導き出してみよう。

一部の地域を除いて、保育施設・園児数は、全国的に幼稚園よりも保育所の方が多く、山陰地方でも例外ではない。とくに山陰地方の公立幼稚園と島根県の私立幼稚園では1園当たりの園児数が少ないため、そこで働く保育者には、少人数保育・混合保育の経験・知識・技術等が必須であろう。他方、鳥取県の私立幼稚園では1園当たりの園児数は多い。ここで働く保育者には、多人数保育の経験・

知識・技術等が必須である。なお、山陰両県には、保育所に在籍する子どもの割合が高いため、保育所保育士としての力量がより必要となることがわかる。

　全国的に、私立幼稚園では、公立幼稚園よりも保育者集団の規模が大きく、保育所よりも若干少ない。私立幼稚園または保育所の保育者は、10数名の保育者集団における共同性やリーダーシップなどの資質について、公立幼稚園教諭以上に必要となる。とくに鳥取県の私立幼稚園では、1園あたりの教員数が全国平均より若干多く、集団的資質の必要性は高い。教員の男女比については、島根県の私立幼稚園では全国平均よりも男性教員の割合が高いが、結局のところ圧倒的に女性教員が多いことにはかわりないため、男性保育者は女性が圧倒的に多い職場へと入ることを覚悟する必要がある。

　幼稚園における保育者集団の年齢構成は、公立・私立で大きく異なる。公立幼稚園では45歳以上の教員が多数を占めるが、私立幼稚園では20代の若い教員が多数を占める。平均勤務年数を見ると、公立幼稚園では勤務年数30年程度に達する教員が多いが、私立幼稚園では勤務年数10年以上の教員ですら少ない。私立幼稚園教員（とくに女性教員）は勤務年数10年未満で離職してしまうことが多く、離職者の穴をさらに若い教員を採用することで埋めることになる。私立幼稚園の保育者集団の若さは、このような理由で形成されている。なお、公立幼稚園の保育者集団は、ベテラン教員が比較的多いが、勤務年数15～25年程度の教員が少なく、長期的視点から見ると今後に不安が残る。私立幼稚園では、集団の若さを保育で活かすことと、経験豊かな教員の育成・確保とが求められる。公立幼稚園では、長年の教職経験を保育で活かすことと、ベテラン教員の知識・経験の継承とが求められるだろう。

　離職する保育者が多い現状は、保育者の専門性確立の阻害要因である。早期離職の問題は、とくに私立幼稚園で深刻である。鳥取県では、比較的、私立幼稚園女性教員の勤務年数が長いが、それでも全国の公立幼稚園女性教員の年数には届かない。保育者の離職理由には、結婚・出産・転職が多い。いったん離職した後、再度復帰する選択をしにくいという事情もある。保育現場でも出産・育児休暇などの制度は整いつつあるが、給与面や研修面も含め、より広い視野からの待遇改善による人材確保と誘致が必要であろう。

　なお、認定こども園は全国で平成20年4月には229園であったが、平成24年4月

には911園になり、着実に増えている。鳥取県では平成22年までは０園であったが、平成24年4月時点では11園の認定こども園が認定を受けている。島根県では平成24年4月時点で４園認定を受けているが、他に、県独自の「幼児園」（幼保一体型施設）が県東部・中部に設置されている。制度・政策方針の先行きは不透明だが、今後とも幼保一体型施設は増加するであろう。そうなれば、幼稚園教諭免許状と保育士資格とを併有し、教育・養護両面について十分な力量を有することが必要となる。

［主要参考文献］
西山薫・菱田隆昭編『今に生きる保育者論』新時代の保育双書、みらい、第２版、2009年。

［注］
(12) 東日本大震災の影響で、平成23年5月1日現在の岩手・宮城・福島三県の園数・在園者数は不明である。
(13) 園数・在籍者数の少なさは、もちろん人口比と大きく関連している。平成23年4月1日現在の日本全国の人口は、1億2,791万7,702人であり、47都道府県平均約272万1,653人である。同日現在の鳥取県は59万1,150人（21.7％）、島根県は72万112人（26.5％）である。

第5章 ● 保育者の役割── 子ども以外との関係から

第1節：保育者同士における役割とは？──同僚・後継者・先輩

　保育者の役割は、子どもに対するものだけではない。保育者同士、ともに保育をする者として、互いにそれぞれの役割を果たし合う必要がある。ここでは、先輩保育者と後輩保育者との関係において生じる「後継者」としての役割と、保育者間において生じる「同僚」としての役割とを検討したい。

1.「後継者」としての保育者

（1）常に「後継者」を必要とする保育職

　教師の専門的成長は、教師個人の中だけで単独に進むものではない（教師・保育者の専門的成長については『保育者の専門性とは何か』幼児教育の理論とその応用 第2巻参照）。教師は、教育実践の改善のために学校の同僚で協同する関係（同僚性）の中や、先輩による後輩の援助的指導（メンタリング）の中で、専門的に成長する。教師の専門的成長は、個人的過程だけでなく、共同的・社会的過程でもある。これらは、保育者の専門的成長でも同様である。保育において大事なことを誰から学んだかと現職保育者に聞くと、先輩から学んだと答えることは多いようだ。

　保育経験の長い保育者から見て、自分より経験の短い保育者は、「後継者」である。かつての日本では、保育者養成は、長い間、幼稚園内での先輩保育者について見習うことで行われてきた。現在でも、実習時や初任時に、先輩保育者を見習うことは欠かせない。見習うのは、その技術・思想だけでない。意識的・無意識的に人格をも見習う。先輩保育者は、人格的モデルでもある。

実習生は、養成校卒業後、地元に就職して、実習園の位置する地域の保育者集団へ入っていくことが多い。すなわち、実習生は、実習園だけでなく、広く地域の保育者集団にとっての「後継者」である。毎年一定数の保育者が現場を去るが、実習生はいずれその代わりに新たに採用されることになる。保育職の定着率の低さは保育職の専門性向上にとって非常に問題であるが、抜本的な改善はすぐには難しい。日本の保育者集団が「後継者」を常に大勢必要としていることは、残念ながら事実である。保育現場では、次々と「後継者」としての実習生が現れ、入職後、数年もたたずに実習担当を努めるなどの「後継者」を育てる立場に立たなくてはならない。

　保育者がいなければ、いくら園の設備を整えても、保育はできない。保育ができなければ、困るのは子どもであり保護者である。保育現場は年々多忙化し、実習受け入れに消極的な現場が増えている。しかし、保育（子ども・保護者）のためにも、実習生を受け入れ、「後継者」養成に努める必要性だけは見失ってはならない。

（２）「後継者」に必要な意欲・態度
　では、「後継者」としての保育者に最低限必要なのは何か。
　まず第１に、常に学ぶ意欲と態度である。これは、就職後の職能成長にもつながる重要な資質である。保育者は、常に保育を振り返り、改善していく必要がある。その意味で、常に学び続ける者である。ましてや数週間しかない実習期間では、少しでも多くのことを効果的・効率的に学ばなくてはならない。短い時間を有効に活用するためにも、遅刻欠勤や提出物遅れなどはもってのほかである。30分遅刻したら、30分の学習時間を無駄にしたことになる。１日欠勤したら、１日分の学習時間を無駄にしたことになる。提出物が１日遅れたら、保育の質を高める添削等の時間を１日分減らすことになる。

　なお、考え方や経験の違いなどによって、実習生が指導者の保育者に反抗心を持つことがある。学習は相手から学ぼうとする姿勢を欠いては成立しないため、反抗心をもって学ぶことはできない。少なくとも、指導者は実習生よりも長い保育経験を有しており、そこには必ず学ぶべきことがあるはずである。保育者の実習指導のあり方は多様である。「後継者」に伝えるべき内容を有しているのにそ

れを伝える力が不足している保育者もいるし、実習生の成長を促すためにあえて「憎まれ役」を買って出ている保育者もいる。実習生は、一時の感情に引きずられて、自分の狭い視野から指導者を判断するのではなく、もっと広く長期的な視点から判断する努力をおこたらないようにしたい。第1章第3節で述べた通り、「わかる」ためには、学習者の積極的な努力を欠くことはできないのである。

　第2に必要な資質は、子どもを深く認識しようとする意欲・態度である。保育は一人ひとりの子どもに応じて行われるものであり、これらは保育者の最も基礎的な資質といってよい。もちろん子どもを認識する能力は、現場経験を積むことで高まっていくものであるが、少なくとも子どもを深く的確に認識しようとする意欲・態度をもっていないと現場で十分な学習はできない。子どもを深く認識しようとする意欲や態度は、普段の日誌の書きぶりや反省会における発言等に出てくる。また、保育案作成の際にも、普段の子どもの様子をどう捉えて環境構成・指導支援を発想するかというところに出てくる。先輩保育者から子ども認識の新しい観点を提示されることもあるが、それを受けとめられるかどうかも、普段から子どもをより深く認識しようとしているかどうかにかかっている。

　第3に必要な資質は、環境を深く認識しようとする意欲・態度である。環境による保育は、保育経験の短い実習生の最も苦手としがちな分野であり、現場で注意を払って実感しなければ理解しにくい分野である（詳しくは第2巻参照）。とくに安全への配慮は、保育者になる前に必ず身につけるべき意欲・態度である。

　第4には、子どもへより積極的・適切にかかわろうとする意欲・態度である。保育は子どもとかかわる仕事であるから、子どもとかかわらなければ保育の力量は高まらない。いくら子どもを深く認識しようとしても、じっと観察するだけでは、わからないことも多い。子どもを認識する上でもかかわる意欲・態度は重要である。

　第5には、指導・かかわり等を準備し、常に改良・発展させようとする意欲・態度である。保育は子どもとかかわる仕事である。子どもは日々変化している。そんな子どもとかかわるには、かかわりのあり方を日に日に変化させるつもりでなくてはならない。PDCAサイクルを意識して、実践の後に必ず反省・改善を行うことが大切である（詳しくは第2巻参照）。これは、ある程度子どもに連続的にかかわることのできる実習期間中にしかできない。

第6に、保育者としての日常業務を行う意欲・態度である。保育者には子どもと直接かかわる以外の業務も多い。例えば、書類を提出すること、締切を守ること、不明なことや必要なことを報告すること、他の職員と協力すること、等である。保護者や訪問者への対応や、電話対応なども含む。締切遅れは、相手の時間を奪う。連絡をなまけると、他人をも巻き込んで予期しない問題を引き起こす。普段、締切や連絡を軽視している人は、細心の注意を払ってほしい。

2．「同僚」としての保育者

（1）単独での課題解決と複数人での課題解決

　人と人が学び合うことは、課題解決の上で重要である。一人で課題に向き合えば、自分で考えた仮説に基づいて課題を解いていけるため、余計な滞りなく仮説設定から課題解決へと移っていける。しかし、独りよがりの仮説・課題対応になりやすく、改めて解決過程・方法を見直しにくい。また、その他にあり得る解決過程や方法を意識・経験しにくい。つまり、自分一人での課題解決は、より滞りなく進めていけるが、独善的・画一的結果になりやすく、反省・改善しにくく、生み出される知見や経験も狭くなる。

　他方、協調的関係にあるグループで課題に向き合うと、単独の場合より多くの多様なアイディアが出やすいため、必要な情報・知識を集積しやすい。多様なアイディアが集まると、適切な選択や、共通点の抽出、比較による相違点の明確化などを経て、よりうまくいく解決策の元になる知識枠組み（スキーマ）を形成することができる。また、だれか一人が課題解決を担当する間、他の者はその解決過程を観察（モニター）せざるを得なくなるため、結果を客観的・抽象的に再解釈することになる。そのため、多様な解決過程・方法が提案されやすくなる。意見の違いを吟味することによって、より多様な解決過程・方法を意識・経験することにもつながる。つまり、複数人での問題解決は、単独より時間はかかるが、多様な結果へつながりやすく、かつ反省・改善機会を多く確保でき、生み出す知見や経験も広くなる。

　なお、必ずしも複数人になれば、より広い知識・経験を得られるわけではない。構成員は、それぞれ協調的関係を構築し、他の人が遂行している解決過程を観察

しながら、自分でも解決過程や結果を考えることが必要である。また、その考えた結果を披露し、試してみることができる集団でなくてはならない。

　保育者は、常に反省と改善を必要とする職業である。反省・改善は、単独で取り組むよりも、協調的な関係の集団内で取り組む方がより効果的に行える。保育者は、ともに課題に取り組む集団を必要とするのである。

（2）同僚性の形成

　「同僚性」（collegiality）とは、職場で教職員同士がお互いに気軽に相談し／相談され、教え／教えられ、助け／助けられ、励まし／励まされる関係のことである。ただ同じ職場で働いているというだけでなく、目標や方向性を共有し、ともにその達成過程・方法を探究し、学び合って専門性を高めることを目指す。先述の言い方でいえば、ともに共通の課題に取り組み、より多様で広い知識・経験を生み出していく関係のことをいう。

　同僚性の基本は、保育者間のコミュニケーションである。お互いに反目し合っているような集団では、同僚性は形成されない。また、同僚性は、ただの「おしゃべり仲間」の間では形成されない。実践改善を推進するのが同僚性である。園や保育の目標・方針を共有し、そこへ向かって話し合いながら努力する関係を作り出す必要がある。

　同僚性の形成には、管理職（とくに園長）のリーダーシップが大きくかかわる。管理職が、園の目標を明確にし、それを教職員に納得させ、自主的に協力していくようにすることが重要である。教職員間の軋轢や衝突をやわらげ、よりよい方向付けをするのも管理職の仕事である。また、保育現場の多忙化は、自由に気楽に子どもや保育のことを話し合う時間を教職員から奪い、同僚性の形成をさまたげる。保育者役割が多様化する現在、なかなか難しいが、たとえば会議や事務作業の合理化・効率化によって教職員の語り合いの時間を確保するなど、管理職がリーダーシップを発揮して取り組むべきことは少なくない。

　　［主要参考文献］
　　佐藤学『教師というアポリア――反省的実践へ』世織書房、1997年。
　　秋田喜代美・佐藤学編『新しい時代の教職入門』有斐閣アルマ、有斐閣、2006年。

大島純・野島久雄・波多野誼余夫『新訂 教授・学習過程論保育者の役割――学習科学の展開』放送大学教育振興会、2006年。

第2節：保護者に対する役割とは？――「通訳」と「パートナー」

　保育は、保育者と保護者とで協力して行わなければならない。したがって、保護者との関係を抜きにして保育者の役割を語ることはできない。本節では、保護者に対する役割として、子どもと保護者との関係における保育者の役割と、保育者と保護者との直接的な関係における保育者の役割とを検討する。

1．子どもの「通訳」として

　園児たちは基本的に、幼稚園では4時間（1日の6分の1）、保育所では8時間（1日の3分の1）、園で生活している。保育時間の長い保育所の場合は、延長保育の時間も含めれば、11〜12時間程度（1日の2分の1）生活している子どももいる。ということは、残りの1日の6分の5から2分の1の時間は、保護者によって保育されていることになる。いくら近年保育時間が長くなったといっても、1日の半分以上は、保護者が保育する時間なのである。子どもは24時間生活し、24時間、保育を必要とする。子どものよりよい発達を望むなら、保育者の努力だけでは不十分であり、保護者と協力することが必要である。
　保護者と協力して保育するには、何よりも子どもに対する理解と保育方針とを共有することが必要である。たとえば、保育中に子どもがケガをしたことを保護者にいつどう伝えるのか。ケガや病気などの連絡は、早ければ早い方がよい。緊急の場合は、電話で伝える必要があるだろう。ただし、こけて膝をすりむいたなどの軽いケガならば、降園時などに口頭で伝えることが多い。保護者に子どものことを伝える方法は、口頭で伝えるか、連絡帳に書いて伝えるか、電話で伝えるかなどから選択することになる。口頭で伝えるなら、登園時の見送り、降園時のお迎え、家庭訪問など、いつ伝えるかも考えたい。
　一番難しい問題は、どう伝えるか、である。保育者の伝え方によっては、保護

者の怒りを買うこともある。事実を隠すこともよくない。発覚した場合、保護者との関係を修復できなくなることもあり得る。保護者が感情的になった場合、落ち着いて納得してくれるように誠意をもって対応しなければならない。保育者が誠意をもって我が子とかかわり、誠意をもって自分に説明してくれていることを理解し、かつその事実の意味を理解することができれば、保護者は落ち着き、納得してくれることが多い。

　保育者は、子どもの具体的事実を解釈して、保護者が我が子の個性・発達を理解できるように伝えることが必要である。具体的事実を伝える必要はあるが、事実をただ起こった順に並べて話すのではない。事実そのままを解釈・理解することは決して容易なことではない。保護者は、我が子のことをよく知っているかもしれないが、子ども理解の専門的学習・訓練を受けたわけではない。保護者がより我が子理解を深めるには、保育者が「この事実はこのような意味があるのですよ」などと子どもの事実の解釈可能性を示すことも有効である。そのことによって、保護者が、我が子をあらためて肯定的に理解できるように方向付けたい。

　このように考えると、子どもの言動などの事実を解釈して、その個性や発達状況をわかるようにして保護者に伝えることが、保育者の役割として重要になってくる。言い換えると、子どもの言動などを「通訳」して、保護者へ伝えることが、保育者の役割の一つなのである。子どもの言動や事実の中には、保護者にとって不可思議・理解困難なものも少なくない。理解できないままでは、保護者は今後の子育ての見通しを立てられず、不安になる。その状態が続くことは、保護者にとっても子どもにとっても不幸な結果を招きかねない。

　他の子どもができるのに我が子ができないという場面が積み重なった時、保護者は「うちの子は何もできない」と判断することがある。しかし、行動には明確に出ていないが興味関心を向けていたり、結果としてはできないが昨日と比べると部分的にできるようになっていたりする。保育者は、子どもを日常的に観察し、事実を解釈することで、このような細かな気づきを得ることができる。それらを保護者に伝え、「うちの子は何もできない」と嘆いている保護者が我が子を肯定できるように導き、日々の成長・発達に期待するように導きたい。子どもの事実をしっかり観察し、解釈して、「これからが楽しみですね！」と伝えられるようにしたい。

2．保護者の「パートナー」として

(1) ともに子どもを育てる意識

　保護者は、何を保育者に期待しているのだろうか。それは保護者ごとに多様かつ複雑であるが（例えば第2章第5節参照）、その期待の共通点を整理すると、大きく次の3つが挙げられる。第1に、我が子がよりよく発達することである。保護者が願っているのは、当然のことながら、他人の子どもの発達ではなく、我が子の発達である。保育者は一人の子どもだけを保育しているわけではないため、この観点において保育者の思いと保護者の思いとはズレやすい。第2に、「うちの子を見てほしい」「私の話を聞いてほしい」といった保護者自身の要求である。保育者は保護者対応以外にもすべきこと、考えるべきことが多いため、ここも保護者の思いとズレやすい。第3に、保育者の人間性である。保護者は、この保育者が信用に足る人物か、常に意識している。我が子を預けるならば、自分が信用できる人物に預けたいと思うのは当然であろう。保護者の信頼基準はそれぞれであり、保育者の人間性も多様であるため、ここも保護者の思いとズレやすい。保育者は、保護者の期待をふまえて、保護者と向き合っていく必要がある。保育者の思いは、保護者の思いを受けとめた後に、伝えるよう心がけたい。自分の思いを受けとめてもらった後に、相手の思いを受けとめる準備ができるというのは、子どもも保護者も同じである。

　現代日本においては、社会的に孤立した保護者が増えている。一人親であったり、親（子どもにとっては祖父母）との距離があったり、何かあったときに世話をしてくれる近所の家庭などと距離があったりする。一人親でなくとも、母親が、父親や祖父母の子育てへの協力が得られずに育児を押しつけられ、家庭内で孤立していることもある。このような保護者は、我が子と適切な距離をとれずに過干渉（過保護）になったり、ストレスから虐待に至ったり、自身に心的障害を負ったりすることがある。このような保護者とともに子どもを育てるためには、保育者は保護者その人もしっかり支えていかなくてはならない。

　孤立した保護者には、次のような特徴が見られる。第1に、自分の子育てに対する努力を認めてくれる人がいないため、自己評価が低いことが多い。現代日本

では、「子育ては一つたりとも失敗できない」という保護者自身の強迫観念や、「子どもの評価が親の評価につながる」という社会常識が、保護者へ強いプレッシャーを与えている。そんな中、自分の子育ての努力が認めてもらえず、報われなければどうなるだろうか。常に報われない努力を要求されるうちに、保護者は子育てに疲れてしまう。第2に、常に我が子の世話をしているため、気分転換をしておらず、余裕がないことが多い。我が子相手といえども、子育ては良いことばかりではない。保護者に余裕がなければ、我が子のちょっとした言動もストレスになってくる。また、子どもにとっても、常に監視の目があって行動が制限されれば、自主性や自由を妨げられ、発達上の問題を引き起こしかねない。第3に、「子育ては保護者一人でできるものではなく、支援が必要なものである」ということを知らない、または受け入れられないことが多い。「自分が責任を持って子育てしなくては」という気持ちが強すぎて、他人を頼ろうとしないこともある。子どもの健全な発達には多様な個性をもつ他者が必要であり、保護者にも様々な経済上・保育上の支援が必要である。とくに一人親の場合、経済的に苦しい状況にあったり、情報入手の手段を欠いて保育に関する情報を手に入れにくい場合もある。幼稚園や保育園は、こういった孤立した保護者を支えていかなくてはならない。それは結局子どものためとなる。

　保護者の子育てを支えるために、預かり保育の重要性は近年ますます高まっている。経済状況の悪化により労働環境に余裕がなくなっている中で就労機会を保障するためには、就労中に子どもを預ける体制が整う必要がある。昔も、子育ては親だけでしてきたわけではない。かつては親や親戚・近所の人に預けるなどしていたのである。しかし、現在は親と遠く離れて住み、親戚や近所の人とのコミュニケーションをもとれない家庭が少なくない。保護者には子育ての責任があるが、先述の通り、社会的に孤立した中で余裕のない子育てをしていると、様々な問題が生じる。預かり保育は、就労支援、友人知人とのつきあいや気分転換などの機会を保護者に提供し、より安定した子育て環境を作り出すことにもつながる。保育者が一時・延長・夜間・休日等の預かり保育を担うことには、そのような重要な意味がある。

　なお、保護者が子どもの保育のすべてを保育者に任せたつもりになってしまう場合がある。もちろんそれは思い違いである。その場合は保育者の側から働きか

け、保護者の中に「ともに子どもを育てているのだ」という意識を徐々に形成していく必要がある。子どもの主な生活の場は、家庭と園である。家庭で保育を行う保護者を様々な形で支えなければ、子どもの健全な発達は望めない。保護者が何らかの形で孤立している場合、保育者の支援はとくに必要である。保育者は、保護者とともにこの子を保育しているのだという意識を常に持っていなくてはならない。

（2）育児のプロとしてのアドバイス

　家庭のいわゆる「教育力」は、当たり前のようにあるわけではない。女性が母親になる、男性が父親になる、ということも、子どもの誕生とともに自然に起こることではない。親とは、「なる」ものである。それは容易なことではない。現在の未婚・子育て世代は子育て経験に乏しい上に、子育て情報が多すぎて選ぶことが難しい時代に生きている。このような状況におかれている保護者にとって、保育者の専門的なアドバイスは有意義である。

　子どもの遅寝や朝食抜きは、発達上大きな問題を引き起こす。日本小児保健協会による2010年度の幼児健康度調査によると、夜10時以降に就寝する2歳児が35％いる。2000年度の調査結果（59％）と比べるとその割合は低下したが、まだ3割以上の幼児が遅寝を続けているのである。遅寝の理由は、大人の就労時間の多様化や就寝時間の遅れにより、遅くまで起きている大人の生活リズムにつきあう（つきあわせる）ためである。朝食抜きで登園してくる子どもも少なくない。遅寝・朝食抜きは、朝の子どもの体調や精神状態に大きな影響を与える。午前中ずっとボーっとし、気持ちの切り替えがうまくいかず、活動意欲が乏しくなりやすい。

　遅寝や朝食抜きの子どもが増える理由には、就労のあり方の変化などの個人では改善しにくいものもあるが、保護者の子育てに関する無知識や無自覚によるものもある。子どもを寝かしつける上で基本的なこと（寝る直前に興奮させないなど）を知らなかったり、子どもの発達における睡眠時間や朝食の重要性を知らなかったりする場合、子どもの遅寝・朝食抜きは必然的に起こる。その場合には、保護者に子育ての知識やコツをアドバイスすることは、子どもの発達上有効な対策となる。アドバイスの内容は、本や研修での学習の中にもあるが、日々の保育実践の中にもたくさんある。しつけや生活習慣の形成などは、保育者が普段から

実践している。子どもの言動の意味についても、保育者が普段から考えていることである。

　保育者から保護者へのアドバイスは、「知っている者」から「知らない者」へ行うため、上から「教えてやる」ものになりがちである。しかし、とくにキャリアの浅い保育者の場合、自分よりも保護者の方が年長であったり、何人もの子どもを育てた経験を有する保護者と出会ったりすることが多い。その場合、たとえ保育者のアドバイスが適切であっても、上からのアドバイスでは伝わらず、逆にいやがられることもある。アドバイスするには、「教えてやる」意識・姿勢ではなく、カウンセリングマインドが必要である。いったん相手の気持ち・意見を傾聴し、しっかりと受容して、その上でこちらから提案し、おしつけずに相手に決めさせるようにするのである。

（3）居場所の提供

　保護者と協力するには、なにより、園や保育者が行っている保育の方針を理解してもらう必要がある。そのためには、保護者の保育参加機会を作っていくこと（保育参加、一日保育士など）は有効である。説明を聞くだけでなく、時間をかけて実際に保育を体験することで、より実感をもって園・保育者の保育方針を理解するようになる。保護者を自分たちの保育の理解者にしていくことは、子どもたちの保育をしやすくすることにもつながる。

　保護者の保育参加は、適切に行えば、様々な効果が期待できる。例えば、孤立した親は自己肯定感が低く、子育てに自信を持てずに育児不安を抱えていることが多い。しかし、人には必ず何らかの得意なこと、好きなこと、できることがある。手芸・木工・土木・読み聞かせなど、親の趣味や得意技を活用し、保育参加を促すことは、その親の自己有用感を高める。その影響で気持ちに余裕ができ、育児不安が軽減されることもある。

　また、保育に参加すると、我が子だけでなく他の子どもたちをも意識するようになる。我が子のみに注がれていた保護者の注意が、他の子どもやその子の保護者へと拡大するのである。新たな保護者同士のつながりを生み、保護者同士の関係を活性化することも多い。子どもの卒園後も持続する関係も時には生まれる。これは、肯定的・支援的な保育環境をつくることにつながり、園にとっても、保

育者にとっても大きな支えを得られる。そして何より、よい保育環境の形成は、子どもの利益となる。

［主要参考文献］
小田豊・日浦直美・中橋美穂編『家族援助論』保育ライブラリ、北大路書房、2005年。

第3節：地域社会に対する役割とは？

　ここでは、地域に対する保育者の役割を検討する。保育者の地域に対する役割とは、まず第一には、自らが担当する子どもをしっかり保育することである。普段の保育生活も地域社会の一部であり、時間数ではその大部分を占める。普段の保育をおろそかにしては本末転倒である。
　地域は、少子化対策・人権尊重・経済活動・地域活性などのためにも親の就労と子育ての支援を保障する必要があり、保育者はその一部を担っている。とくに保育士資格の成立後は、保育者はさらなる役割を期待され、幼児教育・子育てのプロとしての専門性を地域社会の維持・活性化に活用することが期待されている。具体的にはどのようなことが期待されているのか。本節では、代表的なものにしぼって検討する。
　なお、地域貢献は、保育者側にも益がなくては続かない。地域社会の期待に応えることが、保育の上でどのような意味を持つのかということもあわせて検討したい。

1．幼稚園・保育所の開放

　幼稚園教育要領（2008年版）第3章第2の2には、以下の通り、地域における幼稚園の役割が述べられている。

　　　2　幼稚園の運営に当たっては、子育ての支援のために保護者や地域の
　　　　人々に機能や施設を開放して、園内体制の整備や関係機関との連携及び

協力に配慮しつつ、幼児期の教育に関する相談に応じたり、情報を提供したり、幼児と保護者との登園を受け入れたり、保護者同士の交流の機会を提供したりするなど、地域における幼児期の教育のセンターとしての役割を果たすよう努めること。

また、保育所保育指針（2008年版）第6章には、以下の通り、地域における保育所の子育て支援の項目が挙げられている。

　ア　地域の子育ての拠点としての機能
　　（ア）子育て家庭への保育所機能の開放（施設及び設備の開放、体験保育等）
　　（イ）子育て等に関する相談や援助の実施
　　（ウ）子育て家庭の交流の場の提供及び交流の促進
　　（エ）地域の子育て支援に関する情報の提供
　イ　一時保育

以上のように、幼稚園・保育所は、地域の幼児教育・子育ての拠点として、入園児以外の子育て家庭にも子育て支援をするために、様々な機能を果たすよう求められている。

地域への園の開放は、今まで園を利用してこなかった家庭へ園を紹介することになる。保護者が園を利用しない理由は様々である。たとえば、家庭で十分保育できるため必要性を感じていなかったり、家庭の保育機能は十分でない上に保育の必要性をも理解していなかったり、幼稚園・保育所への入園の仕方を知らないなどの基本情報を得ていなかったりする。このような保護者が幼児教育・保育の必要性を感じ取るには、園を開放するだけでは十分ではない。園における幼児教育・保育の意義を、保護者へ説明し、実感してもらう機会を設けることが必要である。保育者の声かけや、相談に応じることなどの直接・間接の支援が必要である。その際には、前節でも言及したカウンセリングマインドによって、保護者の抱えている問題を受けとめ、押しつけにならないようにアドバイスし、問題解決の手立てを自分で決めさせることに注意しなくてはならない。

一度だけ来園しただけでは、わからないことも多く、今後の方針も決めにくい。保護者が何度も足を運べるようにするように配慮したい。家庭で十分保育できていると思っていた保護者が、園へ何度も来て保育者と話したり子どもの様子を見るうちに、子どもの集団経験の意義を感じて園への入園を決めることもある。地域で孤立していた保護者が、ホームページや園開放のチラシを見て園へ足を運び、保育者のすすめに応じて何度も足を運ぶようになることもある。園に子育て中の保護者が集まることによって、保護者同士の新たな交流を促し、子育てサークルの形成につながることもある。

２．地域における子育て環境の形成

（１）地域の子育て人材・施設の活用と組織化

　平成14（2002）年6月の幼稚園教員の資質向上に関する調査研究協力者会議報告書「幼稚園教員の資質向上」では、幼稚園教員に求められる専門性の一つに、「保護者及び地域社会との関係を構築する力」が挙げられた。そこでは、以下のように述べられている。

　　地域に開かれた幼稚園として、保護者や地域の様々な情報をとらえ、これを教育活動に活かしたり、園運営に反映させたりするなどして、幼稚園・家庭・地域社会の関係を深めていくことが求められている。このような場合、園長等は、情報収集及び発信能力及び対外交渉力を発揮し、幼稚園が地域に貢献するとともに地域の様々な力を幼稚園に導入できるような関係を構築することが求められている。

　幼稚園は、地域の様々なものを教育に活かし、幼稚園・家庭・地域社会の関係を深めることを求められている。そのために保育者は、保護者の得意なことや、地域の人々や施設がやっていることなどに関する情報を得て、それらを子どもの発達状況に応じて教育課程のなかに取り込んでいく必要がある。たとえば、絵本読み聞かせの活動をしている団体に読み聞かせをしてもらったり、安全指導のために警察官・消防官に来てもらったり、伝統遊びの指導のために伝統遊びに長け

た高齢者に来てもらったりすることなどである。

　これは保育所でも同様である。全国保育士会倫理綱領第7項には、地域の子育て支援について、「私たちは地域の人々や関係機関とともに子育てを支援し、そのネットワークにより、地域で子どもを育てる環境づくりに努めます」とある。保育所保育指針（2008年版）第6章の3−（2）には、「市町村の支援を得て、地域の関係機関、団体等との積極的な連携及び協力を図るとともに、子育て支援に関わる地域の人材の積極的な活用を図るよう努めること」とある。第4章の1−（3）−オには、「子どもの生活の連続性を踏まえ、家庭及び地域社会と連携して保育が展開されるよう配慮すること。その際、家庭や地域の機関及び団体の協力を得て、地域の自然、人材、行事、施設等の資源を積極的に活用し、豊かな生活体験を始め保育内容の充実が図られるよう配慮すること」とある。

　幼稚園や保育所では、普段から地域の施設・団体・個人を保育に活用している。たとえば、健康管理や緊急の医療対応を地域の決まった病院・診療所に嘱託したり、田植え・稲刈り・芋掘りなどのために地域の農家と協力関係を結ぶなどはよくある事例である。また、要保護児童への対応や保護者の相談対応のために、福祉事務所・児童相談所・保健所（市町村保健センター）・その他福祉施設などと連絡を取り合ったりする必要がある。これらの関係は、利用する園の保育活動の質を高めるだけでなく、利用される側にも利益がある。普段活用することのない趣味や仕事が保育に役立つことによって、生きがいになったり、自己肯定感を高める人も多い。老人ホームとの交流は、子どもにとって高齢者と交流する貴重な経験となるだけでなく、高齢者にとっても精神的なやすらぎや生きがいを得る貴重な機会となる。これらの取り組みは、地域の中にともに子どもを育てる意識を高め、子どもの保育環境を園外へ広げていく。

　このように、幼稚園・保育所は、地域の様々な施設・団体・個人と交流することが求められている。子育てを中心に地域がまとまることで、地域に新たな人的つながりが形成される。それは、子育て環境の改善だけでなく、地域の活性化にもつながる。

（2）幼稚園・保育所・小学校の連携

　平成14（2002）年6月の幼稚園教員の資質向上に関する調査研究協力者会議報

告書「幼稚園教員の資質向上」では、幼稚園教員に求められる専門性の一つに、「小学校や保育所との連携を推進する力」が挙げられている。幼稚園教育要領（2008年改訂版）には、第３章第１の２－（５）に「幼稚園教育と小学校教育との円滑な接続のため、幼児と児童の交流の機会を設けたり、小学校の教師との意見交換や合同の研究の機会を設けたりするなど、連携を図るようにすること」とある。

　また、保育所保育指針（2008年改訂版）には、第４章の１－（３）－エに、以下のように述べられている。

　　（ア）就学に向けて、保育所の子どもと小学校の児童との交流、職員同士の交流、情報共有や相互理解など小学校との積極的な連携を図るように配慮すること
　　（イ）子どもに関する情報共有に関して、保育所に入所している子どもの就学に際し、市町村の支援の下に、子どもの育ちを支えるための資料が保育所から小学校へ送付されるようにすること。

　すなわち、保育所も小学校との交流・連携を求められている。卒園児の小学校入学に際しては、保育所での育ちの資料を小学校に送付する。幼稚園でも同様である。

　幼児教育・保育の役割は、生涯学習社会を生きる力の基礎を、形成することである。幼稚園・保育所の園児たちは、卒園後、当該地域の小学校へ入学していく。そのことを考えると、幼児教育・保育において形成すべき力の基礎は、まず小学校で形成される生きる力の基礎になっていかなくてはならない。幼児期の教育（幼児教育）から児童期の教育（初等教育）へ、一貫したスムーズな流れをつくる必要がある。そのためにも、保育者と小学校教員との交流、園児と小学生との交流、園児の保護者と小学生の保護者との交流を進めて、保育・教育方針を共有し、子どもの情報を共有していきたい。

　幼児教育と初等教育との交流を進めるには、保育者や小学校教員にそのための実行力や企画力などが必要である。たとえば、保幼小連絡会議や保育者・小学校教員合同の研修会などを開くには、場所の確保、日程調整、案内作成、議題設定

などの実務をこなす必要がある。行政の協力を得る必要もある。会議では、保育者から小学校教員へ子どもたちの育ちについて伝え、小学校教員から保育者へ小学校以降の教育の実態を伝え、相互の教育のあり方を見直し、よりよくしていく機会を作っていく必要がある。なお、小学校教員の中には幼稚園教諭免許状を併有する教員も少なくないが、幼稚園教諭免許状を有しない小学校教諭免許状のみの教員もおり、幼稚園・保育所の実態を知らないこともある。小学校教員が幼稚園・保育所に実際に行って保育参加をし、自分が将来受け持つ子どもたちの育ちの履歴を知ることは、小学校教育の改良上でも有効である。

　また、園児・小学生にとっての意味も大きい。幼稚園・保育所の園児を小学校へ連れて行き、小学生と交流する機会を作ることも有効である。小学校へ行って小学生と交流する経験は、園児たちをして「あんなおにいちゃん・おねえちゃんになりたい」「この小学校へ行きたい」という気持ちを生じさせ、将来の見通しを立てさせることにつながる。とくに5歳児には有効である。小学生にとっても、年下の世話をすることは、異年齢交流の機会が少ない現代日本では貴重な経験となる。とくに小学1年生にとっては、小学校の中では最年少であっても、幼稚園・保育所の園児に対しては年長であり、小学校だけではできない貴重な経験をすることができる。また、子どもによっては、かつて在園時に交流があったり、きょうだいや近所の住人であったりするため、興味関心を高めやすいこともある。

　保幼小連携は、地域の教育・保育機関の教育課程の間につながりを形成し、保育者・小学校教員との間または地域の子どもの間に心的・物理的つながりを形成することができる。これらの交流の中身を自らつくっていくのは、保育者・教員自身である。なお、地域によっては、一律に2・3歳まで保育所に入園し、4・5歳は幼稚園に入園するという仕組みを採っているところもある。その場合は、保育所と幼稚園との交流が重要になってくる。また、幼稚園・保育所の園児と地域の中学生・高校生との交流も有意義である。これは、園児にとって身近な遊び相手を得ることができるとともに、中学生・高校生にとって保育職への関心や子育てへの導入になる。

　子どもは地域に生きており、これからも生きていく。幼稚園・保育所は、地域の子育て環境を改善し、子どもの地域生活を安定・充実したものにするよう期待

されている。その内実を担うのは、保育者である。自分の園ではどんな活動をしているだろうか。他の園ではどんな活動をしているだろうか。一度整理してみると、保育者の新しい可能性が見つかるかもしれない。

［主要参考文献］
小田豊・日浦直美・中橋美穂編『家族援助論』保育ライブラリ、北大路書房、2005年。

補章 教育実習における学び
――2011年度鳥取短期大学幼児教育保育学科の「教育実習」を事例に

　ここでは、幼児教育に関する現場実習において、何が学べるか、何を学ぶべきかを検討する。そのために、2011年度の鳥取短期大学幼児教育保育学科において実施された「教育実習Ⅰ」（主担当：白石崇人、副担当：羽根田真弓）と「教育実習Ⅱ」（主担当：白石崇人、副担当：松本典子）を事例とする。

　分析対象とする「教育実習Ⅰ」（1年前期実施）および「教育実習Ⅱ」（2年前期または後期実施）は、幼稚園教諭二種免許状取得に関する必修科目である。2011年度における両科目は、以下のことをねらって実施した。

【教育実習Ⅰの到達目標・ねらい】
(1) 幼稚園・子ども・環境・援助指導などの実際を体験し、それらに対する意欲・関心を喚起し、以後の学習の基盤を培う。
(2) 幼稚園教諭としての生活を体験し、保育者として必要な態度・能力を形成する基盤を培う。
(3) 幼児教育に関する実際的な理念・技術などを学ぶ。

【教育実習Ⅱの到達目標・ねらい】
(1) 幼稚園の社会的役割や活動実態などについて、実体験から理解を深める。
(2) 子どもの実態から子ども理解を深める。
(3) 保育者としての生活を実体験し、保育者のあり方に関する理解を深める。
(4) さまざまな教育方法・技術を実践し、理論と実践との統合を目指す。
(5) 新しい学習課題を見出す。

　これらをねらいの項目としつつ、とくに、「教育実習Ⅰ」では、以後の専門的学習に関する実際的な学習基盤（意欲・関心・態度・能力等）を培い、「教育実

習Ⅱ」では、これまでの学習成果の活用・発揮と、就職後を見据えた専門的成長のための学習課題の発見とをねらった。このような教育実習は、学生の専門的力量をどのように変化させているか。また、学生は、実際に保育者にふさわしい意欲・態度を身につけているかどうか。

　以上の問題関心から、ここでは次のように分析を進める。まず、実習に関する学生の自己評価結果を検討し、学生の実感としての教育実習の学びについて、その全体的傾向を検討する。次に、学生の実習日誌・保育案・事後指導時の提出物などの記述を用いて、学生たちの学びの実態を検討する。

1．教育実習に関する自己評価の全体的傾向

（1）自己評価の調査方法について

　ここでまず資料とする自己評価結果は、次の方法で調査したものである。すなわち、2011年度前期において、「教育実習Ⅰ」と「教育実習Ⅱ」（2年前期実施分のみ）の2つの科目について、「教育実習Ⅰ自己評価票」および「教育実習Ⅱ自己評価票」を使用して実施した。なお、これら「自己評価票」は、実習園で作成する「教育実習Ⅰ成績報告書」「幼稚園教育実習成績報告書」（教育実習Ⅱ成績報告書）に準じて作成したものである。

　「教育実習Ⅰ自己評価票」については、2011年度入学の1年生134名を対象に実施した。評価項目は、細目「教育実習に対する意欲・態度」「子ども・環境理解への努力」「子どもへの接し方」「保育案の準備・作成」「用件処理および教職員との連携」と「総合評価」の6項目設定した。これらの項目について、実習直前（事前指導終了後・実習前日）と実習直後（事後指導開始前・実習終了直後）との2つの時点における自分の状態を想像させて、5段階評価（「大変よい」「よい」「普通」「やや劣る」「劣る」）させた。この自己評価票の作成は、1組（33名、2011年5月27日実習終了）・2組（33名、6月17日実習終了）の場合には2011年6月30日、3組（35名、7月1日実習終了）・4組（33名、7月15日実習終了）の場合には2011年7月21日に実施した。なお、「教育実習Ⅰ」は、全員分、鳥取短期大学附属幼稚園（3年保育5クラス＋未満児1クラス）において実施した。

　「教育実習Ⅱ自己評価票」については、2010年度入学の2年生のうち、「教育実

平成　年　月　日

教 育 実 習 Ⅱ 自 己 評 価 票

実習生	学生番号		氏名	
実習指導者氏名				（幼稚園での実質的な指導の先生名）
実習期間	平成　年　月　日　～　平成　年　月　日			
履修単位	2 単 位			
出席日数	出席　　日　/　欠席　　日　/　遅刻　　日　/　早退　　日			

＜評価＞※「実習直前」とは実習一日目の朝または前夜あたり、「実習直後」とは実習最終日の退勤前後を想定してください。

【実習直前の自分に対する評価】

	評価項目	大変よい	よい	普通	やや劣る	劣る
1	教育実習に対する意欲・態度					
2	環境や子どもに対する観察・理解					
3	安全への配慮や環境整備					
4	子どもへの接し方					
5	実習日誌の内容・提出					
6	指導計画の内容・準備					
7	指導・支援の展開と反省					
8	用件処理および教職員との連携					
総 合 評 価						

全体的な所感

【実習直後の自分に対する評価】

	評価項目	大変よい	よい	普通	やや劣る	劣る
1	教育実習に対する意欲・態度					
2	環境や子どもに対する観察・理解					
3	安全への配慮や環境整備					
4	子どもへの接し方					
5	実習日誌の内容・提出					
6	指導計画の内容・準備					
7	指導・支援の展開と反省					
8	用件処理および教職員との連携					
総 合 評 価						

全体的な所感

※該当欄に○印をつけて下さい。
「劣る」は、自分は教育実習Ⅱの単位取得にふさわしくないと思った場合につけてください。
大きく評価が変化する場合は、なるべく「全体的な所感」で説明してください。

習Ⅱ」を2011年度前期に実施した36名を対象に実施した。評価項目は、細目「教育実習に対する意欲・態度」「環境や子どもに対する観察・理解」「安全への配慮や環境整備」「子どもへの接し方」「実習日誌の内容・提出」「指導計画の内容・準備」「指導・支援の展開と反省」「用件処理および教職員との連携」と「総合評価」の9項目設定した。これらの項目について、実習直前（事前指導終了後または実習前日）と実習直後（事後指導開始前または実習終了直後）との2つの時点における自分の状態を想像させて評価させて、5段階評価（「大変よい」「よい」「普通」「やや劣る」「劣る」）させた。この自己評価票の作成は、2011年6月23日に実施した（実習は6月17日に終了）。なお、「教育実習Ⅱ」（2年前期分）は、鳥取県・島根県・広島県の幼稚園24園において実施した。

（2）学生が実感する「教育実習Ⅰ」（1年生対象）の学び

2011年度前期に「教育実習Ⅰ」を実施し「教育実習Ⅰ自己評価票」を作成した学生134名について、自己評価の結果と実習園指導者の評価の平均値を表にしたのが表1である（「大変よい」を5点、「よい」を4点、「普通」を3点、「やや劣る」を2点、「劣る」を1点に換算）。

表1によると、「教育実習Ⅰ」に関する学生の自己評価点は、いずれの項目も増加している。実習直前から実習直後の変化が最も大きかったのは、「子ども・環境理解への努力」であった。実際、実習直前と直後の評価点を1点以上増加させた学生は、87名（65％）いた。最も変化が小さかったのは「保育案の準備・作成」であった。ただ、それでも自己評価点は増加している。また、実習直前と直後の評価点を1点以上増加させた学生が64名（48％）いる。なお、この項目は実

表1　2011年度「教育実習Ⅰ」に関する自己評価平均

	評価項目	実習直前	→	実習直後	実習前後の増減
1	教育実習に対する意欲・態度	3.75	→	4.22	0.46
2	子ども・環境理解への努力	3.22	→	3.91	0.69
3	子どもへの接し方	3.19	→	3.73	0.54
4	保育案の準備・作成	2.72	→	3.12	0.40
5	用件処理および教職員との連携	3.05	→	3.55	0.50
6	総合評価	3.10	→	3.66	0.55

習直前の評価点平均の唯一２点台（すなわち「やや劣る」）であった項目だが、実習直後の評価点平均が３点台（すなわち「普通」）に上昇している。

　これにより、次のことがいえる。すなわち、「教育実習Ⅰ」によって、教育実習への意欲・態度、子ども・環境理解への努力、子どもへの接し方、保育案の準備・作成、教職員との連携について、いずれの力量も向上した、と学生が考えていることがわかる。とくに「子ども・環境理解への努力」の項目で最も大きく自己評価が向上しており、子ども・環境を理解しようとする意欲・態度が身についた、と多くの学生が判断している。

（３）学生が実感する「教育実習Ⅱ」（２年生対象）の学び
　2011年度前期に「教育実習Ⅱ」を実施し「教育実習Ⅱ自己評価票」を作成した学生36名について、自己評価の結果と実習園指導者の評価の平均値を表にしたのが表２である（点数換算は「教育実習Ⅰ」のものと同様）。
　表２によると、「教育実習Ⅱ」に関する学生の自己評価点は、いずれの項目も増加している。ただし、「教育実習Ⅰ」に比べて増加幅は比較的小さい。実習直前から実習直後の変化が最も大きかったのは、「環境や子どもに対する観察・理解」であった。実習直前と直後の評価点を１点以上増加させた学生は、17名（47％）いた。最も変化が小さかったのは「指導・支援の展開と反省」であった。ただ、それでも自己評価点は増加している。実習直前と直後の評価点を１点以上増加させた学生は９名（25％）いる。

表２　2011年度「教育実習Ⅱ」に関する自己評価平均

	評価項目	実習直前	→	実習直後	実習前後の増減
1	教育実習に対する意欲・態度	3.94	→	4.17	0.22
2	環境や子どもに対する観察・理解	3.17	→	3.61	0.44
3	安全への配慮や環境整備	3.22	→	3.47	0.25
4	子どもへの接し方	3.33	→	3.64	0.31
5	実習日誌の内容・提出	3.33	→	3.50	0.17
6	指導計画の内容・準備	2.83	→	3.06	0.22
7	指導・支援の展開と反省	2.86	→	3.00	0.14
8	用件処理および教職員との連携	3.22	→	3.50	0.28
9	総合評価	3.09	→	3.31	0.23

これにより、次のことがいえる。すなわち、「教育実習Ⅱ」によって、教育実習への意欲・態度、環境観察・整備、子どもに関する観察・接し方、安全配慮、実習日誌・指導計画の内容充実・準備、指導・支援の展開と反省、教職員との連携について、いずれの力量も向上した、と学生が考えていることがわかる。とくに、環境や子どもを観察・理解する視点や能力が向上した、と多くの学生が判断している。

2．教育実習の学びの実態——「教育実習Ⅰ」を事例として

（1）事例の抽出
　本節では、教育実習の学びの実態を検討するため、「教育実習Ⅰ」の自己評価で特徴的な傾向を示した学生を事例とし、その学習成果の実態について検討する。ここで主に資料とするのは、実習中に書いた「教育実習記録簿」（教育実習Ⅰ実習日誌）とする。
　先述の通り、「教育実習Ⅰ」「教育実習Ⅱ」ともに、学生たちは、実習を経ることで様々な専門的力量が向上したと実感していた。ただ、一人ひとりの自己評価を検討すると、その学習効果の実感の仕方は様々である。学生によっては、ある項目では実習直前より実習直後の評価を上げたが、項目によっては上げていないという場合もある。また、評価点を一気に2点上げている学生や、実習直後の評価を実習直前の評価よりも低下させた学生もいる。また、自己評価は高いが、実習園の評価が低い学生もいる。これらの特徴的な傾向を見せた学生が感じた学習効果については、とくに留意する必要があるだろう。
　以下、各項目に関する「教育実習Ⅰ」の学習効果について、特徴的な自己評価の傾向を見せた学生に留意しつつ、検討する。なお、選択する事例は、すべて鳥取短期大学幼児教育保育学科2011年度入学生の事例であり、とくに学習成果がより明確に判断できる事例とする。引用文は、基本的に学生の記述をそのまま引用するが、明らかな誤字脱字のみ修正する。なお、以下の実習日誌からの引用は、すべて、当該学生より活字化する許可を得たものである。仮名・イニシャル・実名の使い分けは、学生本人の希望による。

(2) 教育実習に対する意欲・態度に関する学び

a.「保育者になりたい」という気持ちの増進

　実習生の須山梨奈（3歳児担当）は、「教育実習に対する意欲・態度」の項目について、実習直前の評価を「よい」、実習直後の評価を「大変よい」にチェックした。須山は、実習終了直後に書く「保育案について感じたこと」のなかで、以下のように述べた。

> 　子どもたちにどう言えば理解してもらえるのか、どういう工夫をすれば子どもたちがより興味を持ってくれるのか、など考えなければならないことがたくさんあり、大変だと思った。だけど保育者が自信を持って指導しなければ、子どもたちにも伝わらないし楽しめないと思ったので、とにかく、子どもたちの目線で楽しんだ。

　設定保育に対して、非常に積極的な姿勢をもって臨んだことがわかる。とくに、子どもたちの目線で楽しんで保育をしようという意識がはっきり出ており、実習へ意欲的に取り組んだことがわかる。また、須山は、「実習生の振り返りと今後の抱負」において、次のように実習の感想をまとめた。

> 　初めて2週間という期間、実習をしてみて、うまくいかないことの方が多くて、とまどうこともたくさんあったけど、実習を通して子どもとの接し方や、保育者のあり方などを学ぶことが出来てよかった。まだまだ分からないこともたくさんあるし未熟だけど、保育者になりたいという気持ちがより増した2週間だった。

　この学生は、意欲的に実習へ取り組み、失敗・葛藤しながら、子どもとの接し方や保育者のあり方について学んだ。それらの学習はさらに総括され、自身の「保育者になりたい」という気持ちを従前よりも増す効果をもたらしている。
　藤原栞奈（5歳児担当）は、「教育実習に対する意欲・態度」の項目について、実習直前の評価を「よい」、実習直後の評価も「よい」にチェックした。自己評価は変わっていない。藤原は、実習終了直後に書く「幼児との触れ合いを通して

感じたこと、わかったこと」のなかで、以下のように述べた。

> 　私たちは指導者、保育者という立場ではあるものの、逆に、子どもたちにたくさんのことを教えられ、与えられていると感じました。2週間毎日欠かさず「すごいな。」と思うことが1つはありました。どんなにつかれても、子どもたちの元気な姿を見ると「明日もここに来たい。」と思えました。きっと私は子どもたちを尊敬しているんだと思います。だから一緒にいたいし、支援したいと思うのだと感じます。大変だけど、やはり先生になりたいと改めて感じました。

　この学生は、実習期間中毎日子どもたちに感動し、尊敬の感情すら感じるようになっていた。実際を通して子どものことを理解し、特別なつながりを感じることで、「保育者になりたい」という気持ちを増進させている。彼女は実習前後で自己評価を変えていないが、実習に対する意欲・態度を確かに変容させていた。

b．保育者イメージの更新と学習課題の設定
　学生C（仮名、5歳児担当）は、「教育実習に対する意欲・態度」の項目について、実習直前の評価を「普通」、実習直後の評価を「大変よい」にチェックした。2ランク自己評価を上げた事例である。Cは、文章を書くのが苦手な学生であるが、日誌には、とくに子どもとのやりとりについて、本人なりに熱心に記録していた。実習終了直後に書いた「実習生の振り返りと今後の抱負」のなかでは、以下のように述べている。

> - 保育案も、日誌も、ものすごく大変で、すごく書くのが苦手だったが、これを毎日こなす先生方はすごいと実感した。
> - 今後は自分はまだ子どもをまとめる能力が少なく、全くできていなかったので、大学で色々、ひきだしを増やして、次の実習で、この2週間でみつけた反省をいかして、やっていきたいと思います。

　Cは、保育案・日誌を保育者が毎日書いていると誤認している。とはいえ、保

育案・日誌を定期的に書くことを実際にやってみて、保育者の仕事の大変さを実感しているといえよう。実習直後に書いた「勤務について感じたこと」欄には、「考えた以上に保育者の仕事は、沢山あるんだなぁと感じた」「子どもがいる時だけじゃなく、帰ってからも、そうじや、次の保育案の準備、明日の準備や、やることが毎日、沢山あって想像以上でビックリした」と述べている。Cは、実習前に思っていた実習のイメージを更新し、「様々な仕事をたくさんこなす」という保育者像を形成している。Cは、実は、高校まで何度も幼稚園に通って子どもたちとふれあった経験をもっており、幼稚園に入るのは初めてではない。実習生として幼稚園に入り、子どもにふれあったとき、保育者の仕事について新しいイメージを形成し始めた。そして、「子どもをまとめる能力」や保育の「ひきだし」(遊びや声かけのレパトリーと思われる)をもっと身につけたい、という意欲を持つに至っている。

c．保育者としての自らの適性への自問自答

　学生D(仮名、4歳児担当)は、「教育実習に対する意欲・態度」の項目について、実習直前の評価を「大変よい」、実習直後の評価を「よい」にチェックした。実習を通して自己評価が下がった例である。Dは、日誌に、子どもとのかかわりの中で感じたとまどい・葛藤や、いらだちなどを丁寧に記している。実習は非常に苦しい経験だった様子である。Dは、実習終了直後に書いた「実習生のふり返りと今後の抱負」のなかで、以下のように述べた。

> 「本当に自分は[保育者に]向いているのかな、向いてないんじゃないかな」と思った実習となりました。学校生活とはかけ離れた環境の中で、普段味わうことのない疲れや気持ちの使い方を味わい、その中で日々、自分自身喜怒哀楽があり、とても大変だと思いました。たった1回の実習で決めてしまうのは、自分にも淋しいことだから、次の実習に向けて、手遊びをいくつか覚えて、自分のことは自分で助けないといけないなと感じました。実習の最中だけ、きちんとした姿で時間を過ごすのではなく、日常生活から変えていかなければ、子どもとの関わりの中でダメな自分が出てしまうこともあるな、と思いました。

Dは、実習を通して、経験したことのない疲れや自分自身の欠点などを見つめ、このような自分は保育者には向いていないのではないかと自問自答していた。毎年度、「教育実習Ⅰ」での経験を通して、保育者は自分には向いていないと判断し、進路変更をする学生がいる。Dの場合は、もう少し実習をやってみてから答えを出そうとし、さらなる学習をしていこうと決心した。教育実習は進路選択という重い問題を発し、さらなる学習方針を考えさせる機会となっている。

（3）子ども・環境理解に関する学び
a．自らの子ども理解の実力確認と子ども観の更新

　大塩麻奈（未満児担当）は、「子ども・環境理解への努力」の項目について、実習直前の評価を「普通」、実習直後の評価を「やや劣る」にチェックした。実習を経て、自己評価が下がっている例である。その理由を理解するために、実習終了直後に書く「幼児との触れ合いを通して感じたこと、わかったこと」のなかで以下のように述べた部分に注目した。

　　今回の実習を通してわたしが1番学んだことは自分が高慢になっていたことです。
　　［略］［私は］子どもと関わることも多く、人から「子どもの扱いが上手い」や「幼稚園の先生にむいている」と言われていたので心の中では「自分は経験があるし、自分はできる」と高慢になっていたことがよくわかりました。
　　今まで2歳児と関わる機会はあまりなく、ちゅうりっぷ組［未満児クラス名］の子ども達が何がどのくらいできるのかわかるようになるまで時間もかかり、園児たちにどう接すれば良いのかわからず、いきなり近づきすぎて人見知りの子を泣かしてしまうこともありました。［略］
　　帰宅してメモの見直しや実習日誌を書きながら出てくることは反省ばかりで、悔しくて自分に腹がたって涙がとまりませんでした。
　　実習が始まる前に持っていた自信は、見事に木っ端微塵になりましたが、自分の実力やどこに立っているかが痛いほどわかりとても良い経験になりました。

すなわち、大塩の自己評価が実習を経て下がった理由は、実際に子どもとかかわる中で自分のやり方が通用しない経験をし、実習前に持っていた自信が崩れたためであった。彼女の場合、その自信崩壊の経験が、自分の保育者としての実力を再確認することにつながった。さらに、以下のようにもふり返っている。

　　　教科書や資料で読む２歳児はまだ赤ちゃんで、あまり言葉も話さず、保育者が全部手伝わないと何もできないイメージでしたが、実際はほとんどの子がきちんとした文で自分の思いを表現できていて、自分のことは自分でしようとする「自立の芽生え」が見えました。

　大塩は、実際の２歳児とかかわることで、机上の学習で培った子ども観を更新している。彼女の場合、「子ども・環境理解への努力」の自己評価が下がってはいるが、学習できなかったのではない。むしろ、子どもの実際を通して、子どもの言葉・自立・支援のあり方について深く学んでいた。

b．子ども理解の深化
　学生Ｆ（仮名、４歳児担当）は、「子ども・環境理解への努力」の項目について、実習直前の評価を「普通」、実習直後の評価を「大変よい」にチェックした。Ｆは、教育実習の終了直後に書いた「幼児との触れ合いを通して感じたこと、わかったこと」に、以下のように述べている。

　　○４才児と言っても、皆それぞれ体の大きさがちがい、力の強さもちがいました。発達段階での私が気付いたものは、スキップができるかどうか、ひもを結べるか、言葉の発し方によるもの、がありました。本（テキスト）にも"個人差があります"と書いてありましたが、それを実際に現場で直接見ることができました。
　　○自分がボーっと考えごとをしていたり、実習中に悩んだりしているときもありました。そんな時でも、［子どもが］自分のところに来てくれて、話しかけて、笑わせてくれて、こっちも素直に嬉しくなりました。こういう、自由で、自分のペースでいつも居てくれて、それが可愛いなと思いました。

　　　　実習があるからこそ、思えた"可愛い"っていう気持ちだと思います。

　ここには、テキストで学んだ子どもの個人差について、4歳児の実際の姿を通して確かめたことが書かれている。また、自由に自分のペースでかかわってくる子どもから、子どもの「可愛さ」に関する理解を広げたことが書かれている。

ｃ．保育環境の意義の実感
　学生 S.O.（4歳児担当）は、「子ども・環境理解への努力」の項目について、実習直前の評価を「普通」、実習直後の評価を「よい」にチェックした。Oは、実習終了直後に書く「幼児との触れ合いを通して感じたこと、わかったこと」のなかで、以下のように述べた。

　　　この2週間の実習を通して一番強く感じたことは、子どもたちの身の回りの環境が少し違うだけでその子にとても大きな影響を与えるんだなと感じました。［略］私は家庭の環境が様々な影響を［子どもに］与えるということが今回の実習でわかりました。そして家庭環境だけではなく、保育室での環境を変えることもとても子どもたちにとって大切なことだと学べることが出来ました。ある日、蝶の幼虫とダンゴムシを虫カゴに入れて飼うことになりました。そして子どもが戸外遊びへ出た後に担任の先生が棚の上にあった虫カゴを机の上にのせました。外から戻って来た子どもたちはその虫カゴに集まりました。また実習生が作った歌の歌詞を書いた紙を前のボードに前日に貼っておくと、翌日、子どもたちはとても興味をもってもらいました。ほんの少し、身の回りの環境を変えて、それに気付かせてあげるということが子どもたちに良い影響を与えることが出来るんだなと感じました。

　上記の省略した部分では、Oはあまり活動しようとしない子どもたちを理解することに悩み、一日の反省会時に指導者から、子どもの様子は「それぞれの家庭での環境が関係している」との助言を受けたことが書かれている。その経験を受けて、支援にとまどいを感じた子どもの家庭環境を考察し、その子に対する理解を深めたのである。また、引用部分では、虫カゴを棚から机に置き換える、歌詞

をボードに貼るといった保育環境の構成が、子どもたちの興味を引き出すことを実感している。

(4) 子どもへの接し方に関する学び
a．子どもの主体的活動をうながす適切なかかわりの理解

　岡松凌子（未満児担当）は、実習終了直後に書く「幼児との触れ合いを通して感じたこと、わかったこと」のなかで、以下のように述べた。

> 　　実習を体験させていただく前の私の2歳像は、排泄や衣服の着脱が1人で全くできないこと、こども同士意思の伝達が上手くできないので、[子どもが他の子どもを] 叩いてしまったりとトラブルが多いだろうというものでした。なので、保育者が全部やってあげなくてはいけないと考えていました。
> 　　しかし、ちゅうりっぷ組での2週間の実習を通して私の中の2歳児の像は変わりました。
> 　　まず気付いたことは、保育者がきっかけを作ってあげると、こども達は続きを自分でできるということです。
> 　　衣服の着脱の際にはこどもの足にズボンを向きを考えて置いてあげると、そこから自分で足を入れズボンを履くことができました。オムツであっても足を通してあげるだけで、上げることは自分の力でできるのです。[略]

　上記引用の後には、生活習慣における、保育者の支援（きっかけ）と子どもの自主的な活動について具体的に語られている。岡松は、実際の子どもとのかかわりの中で子ども観を更新し、かつ2歳なりの子どもの主体的活動へとつながる適切なかかわり方について学んでいた。

b．保育技術への確信と課題発見

　学生S.O.（4歳児担当）は、「子どもへの接し方」の項目について、実習直前の評価を「よい」、実習直後の評価を「大変よい」にチェックした。Oは、保育案の「保育の反省と自己評価」欄のなかで、以下のように述べた。

前に立つことで全員の顔、表情がはっきりと見え、子どもたちは自分だけを見ていてくれているのだと実感することが出来ました。また緊張していたのでその緊張が表に出ると子どもたちにも伝わってしまうので、とにかく笑顔を常に忘れず［、］話している時や、踊っている最中も多くの子どもたちと目と目を合わせるようにしました。これらのことは実際に前に立ってみないと分からなかったことなので今後の援助にも役立てたいと感じました。
　　また活動をしている最中にやはり少し集団から離れてしまう子も出てきてしまい、その時私は個人の名前を呼んで集団の中に入る様声かけをしました。今回はその声かけで戻って来てくれましたが、今後はそう思い通りに行くとは限らないので、その様な子どもたち、また、全体に対してどの様な声かけをすれば子どもたちを引きよせることが出来るかという課題が自分の中で今回の保育実践を通して浮かび上がりました。

　ここでは、Oが、設定保育中に、笑顔を常に忘れずに、多くの子どもたちと目と目を合わせたこと、集団から離れてしまう子どもに声かけをしたことがわかる。とくに、笑顔と多くの子どもと目と目を合わせることとは、設定保育前に予想して立てたOなりの仮説であった。そして、実際に設定保育を実施し、子どもたちとかかわることを通して、その接し方が良いことを確信し、保育技術として今後とも活かしていこうと決意している。また、実践を通して、特別な支援が必要な子どもにどう声かけすればよいか、という今後の課題につながる問いも得た。

c．クラス運営の技術に関する学び
　学生K．S．（5歳児担当）は、「子どもへの接し方」の項目について、実習直前の評価を「よい」、実習直後の評価を「大変よい」にチェックした。Sは実習7日目の日誌の「反省・感想」欄に以下のように書いた。

　　だるまさんが転んだをしている時にルールがまだ良く分かっていない子がいたけど、しっかり者のKちゃんがきつい言い方だったけどみんなにルールを教えていて頼もしかった。最近ふじ組［5歳児クラスの名前］ではだるまさんが転んだにみんなハマっているらしく少人数でしていたら「入れて」とみ

んなが入って来て多人数になる。多人数になると喧嘩も起こってくるが全員で解決しようとするしルール違反がいても誰かがリーダーシップをとって注意をしてくれたりする人がいるので大事にならない。
　　ふじ組さんはルールを守ろうとする人が沢山いるので喧嘩になっても早く解決する事が多い。

　5歳児には、それまでの経験を踏まえて、自分たちで問題解決にあたる姿が見られるようになる。Sはその様子を実際に観察して、興味深く記録している。さらに、Sは、実習終了直後に書く「職員から学んだこと」のなかで、以下のように述べた。

　　K先生［仮名、5歳児クラス担任、Sの指導者］は1人の子の問題や、子ども達の喧嘩などをみんなが集まっている時に話をしてクラスの問題として取り上げます。その問題についてみんなが意見を出し合ってみんなで解決していきます。良い事はとても誉めたり、駄目な事はみんなで駄目と言い合ったりして解決していくのでその問題が起きた子だけじゃなくみんなで成長出来るとても団体生活の中で取り入れるには良いやり方だと思います。是非私が保育者になったら取り入れたいやり方です。

　このように、Sは、子どもたちが自分たちで問題解決する理由について、K先生の指導・接し方に注目している。Sは、子どもたちが自分で問題解決するには、保育者が直接誉めたり注意したりするだけではなく、子どもたちが自分たちで意見を出し合う状況を作り出す必要がある、ということに気づいた。その気づきは、それを自分でもやってみたい、みんなで成長できるクラスを作りたいという決意にもつながっている。

d．子どものモデルになっていることへの実感
　学生L（仮名、3歳児担当）は、「子どもへの接し方」の項目について、実習直前の評価を「よい」、実習直後の評価を「大変よい」にチェックした。Lは、実習直後に書いた「幼児との触れ合いを通して感じたこと、わかったこと」にお

いて、以下のように述べている。

・保育者は子どもの見本

　実習期間中だけでも沢山の曲を［子どもたちと］一緒に踊りましたが特にその時に気がついたのが、［子どもたちが］実習生や先生の踊りを見ながら真似するようにやっていた事です。自然に振りが身に付くまで何度も真似て踊っていました。それから給食の時でも箸を持つ先生の手を見て箸を持ってみたり等と様子が見られ、保育者の真似をする事で子どもは学んでいるのを実感しました。よって保育者が当たり前の事は当たり前にするのは大切な事だと思いました。いつでも子どもと一緒にいる時、保育者は子どものお手本になっている事を意識し、適切な言動をしなければ子どもの指導は出来ないと感じます。実習でお手本である姿を実感出来た事を通して、これから常日頃から当たり前の事はきちんとこなし、正しい身の振るまいをしていく事を努力していこうと思いました。

　保育者は子どものモデルであることは事前指導や授業で教えている。Lは、子どもたちが保育者の真似をして学んでいる様子を実際に観察して、保育者が子どものモデル（お手本）となることを実感した。このように、子どもとの接し方は、直接かかわるだけでなく、お手本として自分の様々な姿を見せていくという間接的な接し方も大事なのだと気づく実習生もある。

（5）保育案の準備・作成に関する学び

a．保育案準備の意義の実感

　学生M（仮名、3歳児担当）は、「保育案の準備・作成」の項目について、実習直前の評価を「普通」、実習直後の評価を「よい」にチェックした。Mは、保育案の「保育の反省と自己評価」欄で、以下のように述べている。

　　今回初めて保育案の制作とそれを実際にしてみて、とにかく分からないし、緊張もして、すごく大失敗だったと思う。
　　まず、子どもたちは必ずしも保育者の言いなりにはならないと感じた。そ

れに実際に計画したことができていなかったので、子どももついてこないに決まっているし、保育者の自分も混乱するはずだと思った。これを教訓にして、また今度保育案を作成する時は、もっと事前に準備をしっかりして望みたい。

　あと、他の先生がみんな言っていた危険予測ができていないという事は保育する上であってはならない事だと思うので、ないようにしたい。

　この保育案にある指導者の「指導助言」欄には「子どもたちの前での先生の戸惑いの時間が長く、時間だけが流れていくという形でした」と書かれている。
　Mは、実習事前指導において保育案の意義と事例・書き方については学んでいたものの、実習時期の関係で実習前に保育案作成の演習を受けられない組に所属していた。そのため、保育案は実習において初めて作成した。初めての保育案作成と実施であり、苦しい体験であったと思われる。Mは、教育実習直後に書いた「保育案について感じたこと」欄の中で、「自分が予想したものと全く違う反応をする園児がけっこういて、まだまだ子どもの目線から物事が考えられていないと感じた」と反省している。これら保育案をめぐる様々な経験から、Mは、子どもたちは保育者が考えるようには必ずしも動かないこと、保育案の準備が不足すると設定保育をうまく進められないこと、危険予測への配慮が必要なこと、子どもの目線から考えることが必要なことなどを学んだようである。

b．保育観の見直し
　学生P（仮名、3歳児担当）は、「保育案の準備・作成」の項目について、実習直前の評価を「普通」、実習直後の評価を「やや劣る」にチェックした。実習を通して自己評価を下げた事例である。Pは、実習直後に書いた「保育案について感じたこと」欄に、以下のように述べている。

　　私は保育案の下書きを作成した際、『予想される幼児の活動』の欄に、子どもたちが出来ていない事についてのマイナス面ばかりを書いていた。無意識にマイナスな事ばかりを書いていたので驚いた。私の目線が出来ていない事ばかりにいってしまったのだと思い、私にはもっと広い視野が必要だと感

じた。
　実際に指導を行ったが、保育案通りにいかず指導する難しさを感じた。細かな観察や関わりによって子どもの姿をしっかり把握した上で、ねらいを考える事が大切だと思った。

Pは、保育案作成の自分の癖を反省し、それを「私の目線が［子どもの］出来ていない事ばかりにいってしまった」と自分の保育観の反省にまでつなげている。

c．保育案の実用性の追求と保育の展開への関心
　Q（仮名、3歳児担当）は、設定保育後に書いた保育案の「保育の反省と自己評価」欄に、たくさんの反省と今後の課題を見出している。例えば以下のような記述があった。

- 読み聞かせの時に子ども達をくつろいだ雰囲気の中で友だちと一緒に楽しむ事を目的として床に座らせたが、「見えない」や「押さないで」など窮屈そうにしており、自分の思っていた様子と全く異なっていたので驚き戸惑った。子ども達の実際の様子を見て実習中の観察が不十分と思った。
- 子どもは様々なサインで自分の思いを伝えてきたが、教える事ばかりに気をとられ、受け答えが思うように出来ず歯痒かった。
- 30分の活動予定が45分もかかってしまい、その後のスケジュールがずれてしまった。保育案を作成し計画的に進めようとしたにも関わらず計画通りにいかなかったので、この保育案では意味がないと感じた。

Qは、設定保育の停滞を、自分の実習中の子ども観察の不十分さとつなげている。また、子どもたちの「サイン」に気づきながら、応えられなかった自分の未熟さに悔しさを感じていた。さらに、実際に使えない保育案を作成してしまったことにも言及し、反省している。子どもたちの実際に応じ、実際に使える保育案を準備・作成しなくてはならない、と実感したことがわかる。

（6）用件処理・教職員連携に関する学び

　学生R（仮名、5歳児担当）は、「用件処理および教職員との連携」の項目について、実習直前の評価を「普通」、実習直後の評価を「よい」にチェックした。Rは、日誌に「反省すること」と題して以下のように述べている。

> 　今日は、バスの時間よりも早くさよならをしてしまい、K先生〔仮名、5歳児クラス担任〕やみんなに迷惑をかけてしまった。きちんとバスの時間を先生に確認しておくべきだと、本当に思った。自分だけで考えるのではなく、分からない事は分からないで、きちんと先生に質問しようと思った。これから同じ事がないように気をつける。

　14時45分（降園時間）のところには、「実習生の参加」欄に「先生がおられないので、みんなに指示をする」「色々と焦ってしまい、バスの時間を間違えてしまい、みんなに迷惑をかけた」とも書いてある。降園時、たまたまクラス担任が不在にしており、Rが気を利かせて指示を出したつもりが、バスの時間を間違えて指示をしてしまい、周りに迷惑をかけたということのようである。この失敗を通して、Rは、他の教職員との連絡・確認を大事にすることを学んでいる。

　以上、2011年度の「教育実習Ⅰ」および「教育実習Ⅱ」（2年前期分）について、学生の実感を中心に、その学習成果を検討してきた。「教育実習Ⅰ」「教育実習Ⅱ」ともに、保育者・子ども・保育環境などの理解を深め、子どもへの様々な接し方を学び、保育の計画的展開に関する自らの課題を発見し、他の教職員との連携の重要性を実感する機会になっていた。

　とくに「教育実習Ⅰ」を事例として学生たちの学習実態を検討したところ、非常に多様かつ重要な学習をしていることがわかった。いずれの学習成果も、保育者としてよりよく働くために必要な意欲・態度・能力・理解となっている。この「教育実習Ⅰ」の後、学生たちは、約2年間かけて自分の将来を具体的に考えるようになる。子どもとかかわる実体験から保育者を目指した者も、あこがれや何となくで保育者を目指した者も、資格が欲しいだけで入学した者も、自分は保育者にふさわしいのか真剣に考える。その結果、就職先にやはり保育職を選ぶ者も

あれば、熟慮の末に別の道を選ぶ者もある。実習は、ただ実践的な知識・技術を身に付けるだけでなく、講義・演習とはひと味違う、身に迫る進路選択の機会となっている。

　［論文初出］
　　補章は、鳥取短期大学に第三者評価の資料集の一部として提出した、筆者作成の資料（2011年11月2日作成）を加除訂正したものである。

〈全体の主要参考文献〉

中村五六『幼稚園摘葉』普及舎、1893年。
東基吉『幼稚園保育法』目黒書店、1904年。
中村五六・和田実『幼児教育法』フレーベル会、1908年。
世阿弥（野上豊一郎・西尾実校訂）『風姿花伝』岩波文庫、1958年。
石戸谷哲夫『日本教員史研究』野間教育研究所、1958年。
貝原益軒（石川謙校訂）『養生訓・和俗童子訓』岩波文庫、1961年。
ルソー（今野一雄訳）『エミール』上巻、岩波文庫、1962年。
倉橋惣三『幼稚園雑草』（『倉橋惣三選集』第２巻、フレーベル館、1965年）。
日本保育学会『日本幼児保育史』第１巻、フレーベル館、1968年。
岡田正章『日本の保育制度』フレーベル館、1970年。
日本保育学会『日本幼児保育史』第４巻、フレーベル館、1971年。
日本保育学会『日本幼児保育史』第５巻、フレーベル館、1974年。
日本保育学会『日本幼児保育史』第６巻、フレーベル館、1975年。
岡田正章監修『明治保育文献集』別巻、日本らいぶらり、1977年。
中西進『万葉集全訳注原文付（一）』講談社文庫、1978年。
文部省『幼稚園教育百年史』ひかりのくに、1979年。
P. アリエス（杉山光信・杉山恵美子訳）『〈子供〉の誕生——アンシャン・レジーム期の子供と家族生活』みすず書房、1980年。
石戸谷哲夫・門脇厚司編『日本教員社会史研究』亜紀書房、1981年。
唐澤富太郎編『図説教育人物事典——日本教育史のなかの教育者群像』中巻、ぎょうせい、1984年。
二葉保育園編『二葉保育園八十五年史』二葉保育園、1985年。
松浦伯夫『教育理念の展開——日本教育史研究』ぎょうせい、1988年。
寺﨑昌男・前田一男編『歴史の中の教師Ⅰ』日本の教師22、ぎょうせい、1993年。
池田敬正『日本における社会福祉のあゆみ』法律文化社、1994年。
永岡順・熱海則夫編『教職員』新学校教育全集26、ぎょうせい、1995年、33〜70頁。
佐伯胖『「わかる」ということの意味［新版］』子どもと教育、岩波書店、1995年（旧版1983年）。
佐伯胖『「学ぶ」ということの意味』子どもと教育、岩波書店、1995年。
上笙一郎・山崎朋子『光ほのかなれども——二葉保育園と徳永恕』現代教養文庫、社会思想社、1995年。
佐藤学『教師というアポリア——反省的実践へ』世織書房、1997年。
水野浩志・久保いと・民秋言編『保育者と保育者養成』戦後保育50年史③、栄光教育文化研究所、1997年。
池田祥子・友松諦道編『保育制度改革構想』戦後保育50年史第４巻、栄光教育文化研究所、

1997年。
中野光・平原春好『教育学』有斐閣Ｓシリーズ、有斐閣、1997年。
藤田英典・田中孝彦・寺崎弘昭『教育学入門——子どもと教育』岩波書店、1997年。
船寄俊雄『近代日本中等教員養成論争史論——「大学における教員養成」原則の歴史的研究』学文社、1998年。
広田照幸『日本人のしつけは衰退したか——「教育する家族」のゆくえ』講談社現代新書、講談社、1999年。
心理科学研究会編『育ちあう乳幼児心理学——21世紀に保育実践とともに歩む』有斐閣、2000年。
ＴＥＥＳ研究会編『「大学における教員養成」の歴史的研究——戦後「教育学部」史研究』学文社、2001年。
佐伯胖『幼児教育へのいざない——円熟した保育者になるために』UP選書、東京大学出版会、2001年。
森上史朗・岸井慶子編『保育者論の探求』新・保育講座②、ミネルヴァ書房、2001年。
湯川嘉津美『日本幼稚園成立史の研究』風間書房、2001年。
関口礼子・小池源吾・西岡正子・鈴木志元・堀薫夫『新しい時代の生涯学習』有斐閣アルマ、2002年。
小山静子『子どもたちの近代——学校教育と家庭教育』歴史文化ライブラリー143、吉川弘文館、2002年。
辻本雅史・沖田行司編『教育社会史』新体系日本史16、山川出版社、2002年。
佐伯胖『「わかり方」の探究——思索と行動の原点』小学館、2004年。
柿岡玲子『明治後期幼稚園保育の展開過程——東基吉の保育論を中心に』風間書房、2005年。
小田豊・日浦直美・中橋美穂編『家族援助論』保育ライブラリ、北大路書房、2005年。
秋田喜代美・佐藤学編『新しい時代の教職入門』有斐閣アルマ、有斐閣、2006年。
小野田正利『悲鳴をあげる学校——親の"イチャモン"から"結びあい"へ』旬報社、2006年。
大島純・野島久雄・波多野誼余夫『新訂 教授・学習過程論——学習科学の展開』放送大学教育振興会、2006年。
田中亨胤・尾島重明・佐藤和順編『保育者の職能論』MINERVA保育実践学講座２、ミネルヴァ書房、2006年。
藤堂明保・松本昭・竹田晃・加納喜光『漢字源』学習研究社、2006年。
堀薫夫・三輪建二『新訂生涯学習と自己実現』放送大学教育振興会、2006年。
江原武一・山崎高哉編『基礎教育学』放送大学教育振興会、2007年。
諏訪義英『新装新版日本の幼児教育思想と倉橋惣三』新読書社、2007年。
田島一・中野新之祐・福田須美子・狩野浩二『新版やさしい教育原理』有斐閣、2007年。
尾﨑公子『公教育制度における教員管理規範の創出——「品行」規範に着目して』学術出版会、2007年。
児玉衣子『改訂倉橋惣三の保育論』現代図書、2008年（初版2003年）。
森上史朗『子どもに生きた人・倉橋惣三の生涯と仕事（上）（下）』倉橋惣三文庫第７・８巻、

フレーベル館、2008年。
榎田二三子・大沼良子・増田時枝編『シードブック保育者論』建帛社、2009年。
今井康雄編『教育思想史』有斐閣アルマ、有斐閣、2009年。
小池源吾・手打明敏編『生涯学習社会の構図』福村出版、2009年。
是澤博昭『教育玩具の近代――教育対象としての子どもの誕生』世織書房、2009年。
西山薫・菱田隆昭編『今に生きる保育者論』新時代の保育双書、みらい、第2版2009年。
中村強士『戦後保育政策のあゆみと保育のゆくえ』新読書社、2009年。
柏原栄子・渡辺のゆり編『新現代保育原理』建帛社、2009年。
池田隆英・上田敏丈・楠本恭之・中原朋生編『なぜからはじめる保育原理』建帛社、2011年。
小山みずえ『近代日本幼稚園教育実践史の研究』学術出版会、2012年。
白石崇人『幼児教育保育学科用テキスト幼児教育の理論と応用』私家版、2012年。

【論文】
東基吉「幼稚園案内」『婦人と子ども』第3巻第9号、1903年9月、48頁。
「保姆論」『婦人と子ども』第13巻第5号、フレーベル会、1913年5月、145〜153頁。
阿部智江「明治期における保育者養成」『青山学院女子短期大学紀要』第30号、1976年、69〜84頁。
志賀智江「明治・大正期におけるキリスト教主義保育者養成」『青山学院女子短期大学総合文化研究所年報』第4号、1996年、67〜82頁。
宮坂朋幸「教職者の呼称の変化に表れた教職者像に関する研究――明治初期筑摩県伊那地方を事例として」日本教育史研究会編『日本教育史研究』第22号、2003年、71〜97頁。
田中友恵「戦前日本における幼稚園保姆検定制度の確立」『乳幼児教育学研究』第12号、日本乳幼児教育学会、2003年、33〜42頁。
田中友恵「明治10-20年代における見習い方式による保姆養成――愛珠幼稚園の事例を中心に」『上智教育学研究』第17号、上智大学教育学研究会、2003年、34〜46頁。
湯川嘉津美「中村五六の幼稚園観――女子高等師範学校附属幼稚園分室の設立を中心に」『上智大学教育学論集』第38号、上智大学文学部教育学科、2003年、1〜17頁。
是澤博昭「恩物批判の系譜――中村五六と附属幼稚園分室の再評価」日本保育学会編『保育学研究』第42巻第2号、2004年、17〜24頁。
佐野友恵「戦前日本における幼稚園保姆現職研修の歴史的展開」『保育学研究』第43巻第2号、日本保育学会、2005年、80〜87頁。
湯川嘉津美「中村五六のフレーベル理解――明治期におけるフレーベル受容の一断面」日本ペスタロッチー・フレーベル学会編『人間教育の探究』第18号、2005年、15〜35頁。
佐野友恵「明治期における幼稚園保姆検定に関する考察」『幼児教育史研究』創刊号、幼児教育史学会、2006年、37〜45頁。
清水陽子「豊田芙雄と鹿児島女子師範学校附属幼稚園保育見習科に関する一考察」『乳幼児教育学研究』第17号、2008年、29〜38頁。
白石崇人「明治10年代後半の大日本教育会における教師像――不況期において小学校教員

に求められた意識と態度」中国四国教育学会編『教育学研究紀要』（CD-ROM版）第54巻、2008年、270～275頁。

白石崇人「明治後期の保育者論――東京女子高等師範学校附属幼稚園の理論的系譜を事例として」『鳥取短期大学研究紀要』第61号、2010年、1～10頁。

白石崇人「日本の保育の制度史（戦後）――なぜ保育所と幼稚園があるのか？」池田隆英・上田敏丈・楠本恭之・中原朋生編『なぜからはじめる保育原理』建帛社、2011年、97～104頁。

おわりに

　本書は、保育学生・保育関係者だけでなく国民一般を対象として、「幼児教育とは何か」について検討してきた。ここで、「幼稚園とは何か」「保育者（幼稚園教諭）とはどんな役割をもつ職業なのか」について、試しに自分に問いかけてみよう。参考にするためにページをめくってもよい。

　おそらく、本書を読む前とは比べものにならないほど、量的にも質的にも、豊かな答えが思い浮かんでくるのではないかと思う。本書の内容は、過去から現在まで引き継がれてきた幼児教育の考え方、または将来引き継がれるべき考え方をまとめたものである。保育関係者には、改めて自らの仕事を確かめる機会になれば幸甚である。一般国民には、幼児教育の重要性や趣旨を理解した上で幼児教育制度のあり方をさぐる一助になれば、幸甚である。

　筆者の力量不足と執筆環境の厳しさのため、各章節によって内容の粗密があることは否めない。もっと論じたいところも多々あったが、一書としてのまとまりを考えて、最低限の内容を論じるに止めた。そのため、本書だけで幼児教育のすべてを網羅することは残念ながらできない。幼児教育はもっと奥深く、もっと究めることができる。

　本書は、もともと鳥取短期大学幼児教育保育学科の学生対象のテキスト『幼児教育の理論と応用』（私家版、2012年）の一部であった内容を再構成したものである。本書の内容を除いた残りの内容は、第2巻『保育者の専門性とは何か』に再構成した。子どもに対する保育者の役割については、本書では十分に論じていないが、その部分は第2巻で徹底的に論じている。子どもとかかわらない保育者などあり得ない。本書の内容は、第2巻とあわせて一つとなるので、ぜひ手にとっていただきたいと思う。

　歴史と理念は、ものごとの経緯と現状を知る手だてとなる。それゆえに、今後の方向性を定め、将来を生み出す基盤となる。歴史なき思考と実践は、自分の立ち位置を見い出せず、教訓を得られず、失敗と非効率とをくり返す。理念なき思

考と実践は、目指すべきところを見失い、空論と罪とを生み出す。自らの役割すら知らない者に、責任をもって幼児教育・保育ができるわけがない。歴史・理念を知らない者に、責任の重い幼児教育・保育の将来を任せるわけにはいかない。幼児教育の実践・制度の今と未来は、幼児教育の歴史・理念を確かにふまえた人々の手で、担われることを願う。

　最後に、本書の出版を勧めてくださった佐野通夫先生（こども教育宝仙大学）と、困難な出版事情の中で本書の出版を快く引き受けてくださった社会評論社と同社の新孝一さんに感謝申し上げる。

　2012年11月13日

著者

［著者紹介］

白石 崇人（しらいし たかと）

1979年、愛媛県生まれ。2008年、広島大学大学院教育学研究科教育人間科学専攻博士課程後期単位取得退学。修士（教育学）。広島大学、鳥取短期大学を経て、現在は広島文教女子大学准教授。
専門分野は、日本教育史・教師論・保育者論

主要著書・論文
『近代日本教育会史研究』（共著、学術出版会、2007年）
『続・近代日本教育会史研究』（共著、学術出版会、2010年）
『なぜからはじめる保育原理』（共著、建帛社、2011年）
『［改訂版］保育者の専門性とは何か』（単著、社会評論社、2015年）
「明治20年代後半における大日本教育会研究組合の成立」
（日本教育学会編『教育学研究』第75巻第3号、2008年）
「日清・日露戦間期における帝国教育会の公徳養成問題」
（『広島大学大学院教育学研究科紀要』第三部第57号、2008年）
「1880年代における西村貞の理学観の社会的役割」
（日本科学史学会編『科学史研究』第47巻 No.246、2008年）
「明治後期の保育者論」
（『鳥取短期大学研究紀要』第61号、2010年）
「明治30年代初頭の鳥取県倉吉における教員集団の組織化過程」
（中国四国教育学会編『教育学研究ジャーナル』第9号、2011年）　ほか

幼児教育の理論とその応用①
幼児教育とは何か

2013年4月10日　初版第1刷発行
2016年9月15日　初版第2刷発行
著　　者＊白石崇人
発行人＊松田健二
装　　幀＊後藤トシノブ
発行所＊株式会社社会評論社
　　　　東京都文京区本郷2-3-10　tel.03-3814-3861/fax.03-3818-2808
　　　　　http://www.shahyo.com/
印刷・製本＊株式会社ミツワ

Printed in Japan

保育者の専門性とは何か [改訂版]
幼児教育の理論とその応用②
●白石崇人
A5 判★ 2000 円

過去から現在に引き継がれてきた保育者文化としての知識や考え方、または将来文化となっていくであろう知識や考え方。それは自分なりに幼児教育・保育を作り出すために必要なものである。

考えぬくきみたちへ
●相川忠亮
A5 判★ 1800 円

成城学園中学校の教師として35年。相川忠亮は考えぬく人であった。考えぬいて書かれた文章は、彼が打ち込んだ生の証である。打ち込まれた何本もの杭は、考えぬく若者の生の澪標（みおつくし）となるだろう。

田辺敬子の仕事
教育の主役は子どもたち
イタリアの教育研究から見えたもの
●田辺敬子
四六判★ 2400 円

子どもたちから学ぶローディの授業に参加して、協同と自由の価値の実現をめざすその教育運動の実践と思想を学び、自己の教育理論を形成した「田辺敬子の仕事」。

近代日本児童生活史序説
●野本三吉
四六判★ 2500 円

子どもは時代の鏡だ！　日本の近代化と共に激変した子どもの世界。それは「子ども集団の崩壊過程」でもあった。日記や綴り方など、江戸時代から第二次大戦にいたる生の資料を使って描く子どもたちの社会史。

大丈夫、みんな楽しく生きています！
ことばの遅れ・知的障害・自閉症の子が大人になるまでつきあって
●古賀才子
四六判★ 2000 円

ハンディをもったこどもたちの相談室「ぞうさんの部屋」をひらいて35年。そこで出会ったこどもとお母さんたちとの交流の記録。こどもが大人になっても楽しく生きていける希望が充ちている。

「君が代」にココロはわたさない
学校現場に内心の自由を求め、「君が代」強制を憲法に問う裁判の歩み
●北九州ココロ裁判原告団
四六判★ 2600 円

「君が代」強制に抗する数ある訴訟の中で、北九州市内の17人の教職員が弁護士なしで最高裁までやりきったただ一つの裁判——ココロ裁判の全記録。国家の圧力に抗して彼らが発し続けた言葉の集積。

子連れで留学 to オーストラリア
●佐藤麻岐
四六判★ 1600 円

子どもがいても自分の可能性は捨てられない。壁を破って現状から抜け出したい——、と4歳の娘を連れて留学を決意。数々の難関を越えて体得した準備と手続きのノウハウ、留学生活体験とエピソードを満載。

ニンプ・サンプ・ハハハの日々
●大橋由香子
四六判★ 1650 円

収入アップをめざして転職。と同時にニンシン。隠れニンプとして始まった、ニンプ・サンプ・その後の日々。自分に巣くう「よき母親像」をふりはらい、怒濤の日々を、小市民フェミニストが軽快につづる。

表示価格は税抜きです。